**Zu diesem Buch**

Für viele Frauen ist die Kinderfrage zu einer Belastungs-
probe geworden, denn die Wünsche nach Unabhängigkeit,
beruflicher Selbstverwirklichung und Familienglück sind
schwer miteinander zu vereinbaren. Häufig schieben sie
die Kinderfrage deswegen vor sich her, bis das Ticken der
biologischen Uhr nicht mehr zu überhören ist. Für andere
Frauen – und auch Männer – steht eine Entscheidung für
ein Leben ohne Kinder schon frühzeitig fest, und sie verwirklichen andere Ziele.

Die Psychologin Christine Carl untersucht Hintergründe, Ursachen und Folgen einer bewusst kinderlosen Lebensplanung und kommt dabei zu hochinteressanten
Ergebnissen, die der Diskussion um die neue Kinderlosigkeit erfrischende Impulse geben und für viele Frauen eine
Entscheidungshilfe sein können.

**Die Autorin**

Dr. Christine Carl, geboren 1969 in Göttingen, hat nach ihrem Psychologiestudium in Göttingen, Padua und Freiburg
über das Thema der gewollten Kinderlosigkeit promoviert.
Die Autorin lebt und arbeitet in Freiburg.

# Christine Carl

## Leben ohne Kinder

Wenn Frauen keine Mütter sein wollen

Rowohlt Taschenbuch Verlag

Lektorat Martina Behrens

Originalausgabe

Veröffentlicht im Rowohlt Taschenbuch Verlag
GmbH, Reinbek bei Hamburg, Dezember 2002

Umschlaggestaltung Britta Lembke
(Foto: Stone)
Gesetzt aus der Scala PostScript
bei Pinkuin Satz und Datentechnik, Berlin
Druck und Bindung Clausen & Bosse, Leck
Printed in Germany
ISBN 3 499 61384 0
Die Schreibweise entspricht den Regeln
der neuen Rechtschreibung.

# Inhalt

# Einleitung

Sind Sie auch Anfang bis Ende 30? Gibt es auch für Sie Tage, an denen Ihnen schwangere Frauen und Mütter mit Kinderwagen dauernd über den Weg zu laufen scheinen? Und Sie werden mit dieser einen Frage konfrontiert, der Sie eigentlich aus dem Wege gehen wollen: Will ich Kinder haben? Spüren Sie auch einen kurzen, aber deutlichen Stich in der Bauchregion, wenn die x-te Freundin Ihnen erzählt, sie habe es jetzt auch geschafft, sie sei endlich schwanger? Und Sie denken vielleicht: «Ja, und ich? Was will ich eigentlich? Bin ich ewig zu spät, oder will ich vielleicht doch nicht?»

Oder verhält es sich eher so, dass Sie schon relativ entschieden sind, nicht einige Jahre Ihres Lebens mit Wickeln, Kinderspielen und Erziehungsfragen zu verbringen, und dennoch immer wieder Phasen kommen, in denen Sie denken: «Ist dies wirklich die richtige Entscheidung?»

Ich selbst habe einen besonderen Einstieg zu einer Auseinandersetzung mit diesem Thema gehabt. Nach dem Studium war ich als Psychologin an einem mehrjährigen Forschungsprojekt zum Thema Kinderlosigkeit beteiligt. Kinderlose Frauen und Männer wurden im Rahmen des Projektes befragt, wie es in ihrem Leben dazu kam, dass sie kinderlos geblieben sind und wie sie mit der Kinderlosigkeit im späteren Erwachsenenalter, also ab 45 Jahren, umgehen.* Dabei wurde zwischen den Frauen und Männern unterschieden, die kinderlos blieben, obwohl sie Kinder wollten und auch versuchten, welche zu bekommen, und denjenigen, die sich im Laufe des Lebens für ein Leben ohne Kinder entschieden. Im Zuge der Beschäftigung mit dem Thema der gewollten Kinderlosigkeit und in der Auseinandersetzung mit den Lebensgeschichten der Frauen und Männer in meiner Untersuchung blieb ich selbst natürlich

---

\* Forschungsprojekt «Eine Untersuchung zur langfristigen Bewältigung von Kinderlosigkeit». Kooperationsprojekt der Universität Freiburg, Prof. Dr. Dr. Bengel, und der Universität Jena, Prof. Dr. Strauß.

nicht unberührt von dieser Frage. Was heißt Muttersein für mich? Will ich Kinder? Durch das Gespräch mit den Frauen und Männern wurde mir nochmals deutlich, wie sehr die Entscheidung für oder gegen Kinder mit allen anderen Lebensbereichen und -entwicklungen verbunden ist. Natürlich hatte auch ich schon mal über das Kinderkriegen nachgedacht, und natürlich hatte ich Müttern zugestimmt, dass das Leben sich mit Kindern grundlegend verändert. Doch bekam diese Überlegung bzw. Einsicht im Verlaufe der Beschäftigung mit dem Thema nochmals eine andere, tiefer gehende Bedeutung. Egal, ob wir uns für oder gegen ein Leben mit Kindern entscheiden, es bleibt eine Entscheidung, die wie keine andere unsere ganze Persönlichkeit und unser Leben prägt. Ich kann den Beruf wechseln, ich kann eine Ehe oder Partnerschaft wieder auflösen, aber ich kann kein Kind zurückgeben, und ich kann irgendwann auch keine Kinder mehr bekommen. Das Kinderthema ist grundlegend mit den Vorstellungen vom eigenen Leben verwoben. So verwundert es wenig, dass ich auf die Frage «Wie kam es, dass Sie heute kinderlos sind?» teilweise ganze Lebensgeschichten erfahren habe. Viele partnerschaftliche und berufliche Fragen stellen und erledigen sich im Zusammenhang mit der Kinderfrage. Das betrifft Frauenbiographien mehr als Männerbiographien.

Mein besonderes Interesse innerhalb dieses Forschungsprojektes galt speziell den Personen, die über verschiedene Wege mit unterschiedlichen Hintergründen und Motiven berichteten, sich für ein Leben ohne Kinder entschieden zu haben. Daher beschäftigt sich dieses Buch mit Menschen, die ohne Kinder leben, und genauer mit solchen, die sich für ein solches Leben bereits entschieden haben. Es soll beschreiben, darstellen und erklären, aus welchen Gründen sich Frauen und Männer für ein Leben ohne Kinder entscheiden und wie diese Entscheidung zustande kommt. Welche Motive, aber auch welche Rahmenbedingungen spielen hierbei eine Rolle? Welche Konsequenzen ergeben sich daraus? Das Buch hat dabei keinen Anspruch auf Vollständigkeit, sondern versucht, verschiedene Perspektiven und Hintergründe darzustellen, die auch eine Hilfe für eine eigene Entscheidung bieten können. Es wendet sich an Frauen und Männer, und es werden auch beide Geschlechter zu Wort kommen. Dennoch wird es sich manchmal vorwiegend an Frauen richten, da Frauen sich auch heute noch mehr von diesem Thema angesprochen fühlen und Entscheidungen in der Kinderfrage sich immer noch stärker auf ihr Leben auswirken.

Ich habe dieses Buch geschrieben, weil ich wollte, dass die in dem wissenschaftlichen Bericht zusammengefassten Überlegungen, Einsichten und Neuigkeiten zum Thema «gewollte Kinderlosigkeit» einem breiteren Publikum zugänglich sind als nur der Fachöffentlichkeit. Weiterhin möchte ich durch das Buch Männer und Frauen zu einer persönlichen Auseinandersetzung mit diesem Thema anregen und dazu beitragen, dass sie sich der Frage «Kinder oder keine Kinder» stellen, sich über die Hintergründe und Motive ihrer Entscheidung klar werden können und somit die Möglichkeit bekommen, diese Entscheidung mit Bewusstheit und Aufmerksamkeit zu treffen. Dabei möchte ich einigen Frauen und Männern nahe legen, die Entscheidung wirklich mit Sorgfalt zu treffen, anderen dagegen, die bereits die Entscheidung getroffen haben, Zuspruch und Unterstützung geben und den Rücken stärken. Durch die Gespräche fühle ich mich sensibilisiert für die Gefühle gewollt Kinderloser und kann nachvollziehen, dass es manchmal auch schwer ist, sich von einer Mehrheit ausgeschlossen zu fühlen und sich immer wieder für den eigenen Lebensentwurf rechtfertigen zu müssen.

Weiterhin möchte ich durch das Buch erreichen, dass die Diskussion über den Rückgang der Kinderzahlen nicht nur den Bevölkerungswissenschaftlern und Volkswirten überlassen wird und das Thema lediglich als Frage nach den Auswirkungen des Bevölkerungsrückganges auf die Rentenfinanzierung abgehandelt wird. Ich denke, es geht hier um mehr: Es geht um Lebensentwürfe im 21. Jahrhundert, und es geht um persönliche Lebensgeschichten, die natürlich mit den gesellschaftlichen Rahmenbedingungen verwoben sind. Und diese Fragen berühren soziologische und psychologische Fragestellungen.

Es geht mir auch darum, dass die Entscheidung gegen Kinder in Zukunft als eine Möglichkeit eines Lebensentwurfs betrachtet wird. Viele Frauen und Männer, die sich für ein Leben ohne Kinder entscheiden, werden mit dem Vorwurf des «Double-income-no-kids»-Vorwurfes konfrontiert. Das Buch soll einen Beitrag dazu leisten, dass ein Leben ohne Kinder als ein Lebensstil unter anderen betrachtet und akzeptiert wird. Jeder Mensch sollte sich frei fühlen, ein Leben nach seinen Bedürfnissen zu führen, so wie es ihm entspricht. Frauen und Männer, die sich gegen Kinder entschieden haben, sollten dies äußern können, ohne das Gefühl zu haben, ihren Lebensentwurf mit dem schnellen Nachsatz «Aber ich mag trotzdem Kinder» rechtfertigen zu müssen.

In diesem Buch soll das Thema gewollte Kinderlosigkeit aus verschiedenen Perspektiven beleuchtet werden. Zunächst einmal soll es um die Frage gehen: Was ist eigentlich dran an dieser zeitweise höchst emotional und polemisch geführten Diskussion um die Geburtenzahlen? Sterben die Deutschen wirklich aus, wie die Boulevardpresse zu berichten weiß? Das heißt, ich möchte einerseits das Thema aus einer gesellschaftspolitischen Perspektive betrachten. Stimmt es, dass die heutigen Kinderzahlen tatsächlich so historisch einmalig «niedrig» sind? Wie sieht es aus mit den Familien im 21. Jahrhundert? Gibt es nur noch Single-Haushalte, weil sich niemand mehr verpflichten will, finanzielle und emotionale Risiken einzugehen? Wie war das früher? Welche Bedeutung hatten Familie, Mutterschaft und Kinder in vergangenen Jahrhunderten?

Andererseits soll es in diesem Buch darum gehen, welche Erfahrungen, Lebensbedingungen und persönlichen Eigenschaften in der Biographie von Frauen und Männern zu der Entscheidung für ein Leben ohne Kinder beitragen. Welche Gefühle, aber auch welche Rahmenbedingungen spielen bei diesem Schritt ein Rolle, und was sind die Konsequenzen dieser Entscheidung und dieses Lebensstils?

In diesem Buch werden unter anderem Frauen und Männer zu Wort kommen, die sich für ein Leben ohne Kinder entschieden haben. Es waren zum Teil Menschen, mit denen ich im Zusammenhang mit dem oben genannten Forschungsprojekt gesprochen habe, aber auch Personen, denen ich in anderen beruflichen Kontexten sowie privat begegnet bin.

Die Frauen und Männer berichten über den Verlauf dieser Entscheidung, über die Hintergründe und Motive und wie sich diese Entscheidung auf ihr gesamtes Leben und ihre Identität ausgewirkt hat. Die brisanteste Frage hierbei, die sich für fast alle gewollt kinderlosen Frauen und Männer stellt, ist die, ob sie diese Entscheidung im späteren Alter bereuen und sich im Unterschied zu Eltern einsamer fühlen werden. Eine eindeutige Antwort gibt es darauf natürlich nicht. Allerdings belegen sowohl die Frauen und Männer, mit denen ich sprach, als auch andere Studien, dass der Großteil der Kinderlosen keineswegs im späteren Erwachsenenalter unzufrieden mit dem Leben ist, sich rückblickend Kinder gewünscht hätte oder das eigene Leben als defizitär empfinden würde.

# 1. Geburtenrückgang und Familienpolitik in Deutschland und Europa

### Die neue Kinderlosigkeit: Zahlen, Fakten, Trends

Im 21. Jahrhundert ist es kaum mehr zu übersehen: Die Entscheidung vieler Frauen für ein Leben ohne Kinder ist zu einer gesellschaftlichen Realität geworden. Die Anzahl der zwischen 1961 und 1965 geborenen kinderlosen Frauen wird auf knapp mehr als ein Viertel geschätzt.

Der Anstieg der Kinderlosigkeit in Europa wird in Zeitungen und Politikerreden vielfach beklagt. Alle wissen: Die Kinderzahlen sind gesunken. Aber wie stark sind nun eigentlich die Kinderzahlen tatsächlich zurückgegangen? Wie wird das genau berechnet? Ist der Geburtenrückgang wirklich so dramatisch und einzigartig in der Geschichte der Menschheit?

Der zuverlässigste demographische Indikator für den Rückgang der Kinderzahlen ist der Anteil an Frauen, die bis zum 45. Lebensjahr kinderlos geblieben sind. Streng genommen gibt es keine gesicherten Statistiken über die genauen Kinderzahlen. Besonders für die jüngeren Jahrgänge existieren so gut wie keine statistisch verlässlichen Angaben. Aber auch die Zahlen zu den vorherigen Generationen sind nur Schätzwerte. Die unterschiedlichen Verfahren zur Schätzung des Geburtenniveaus sind alle mit so genannten Messfehlern behaftet.

Um die Zusammensetzung der Zahlen einigermaßen nachvollziehen zu können, seien hier ganz kurz die vier wichtigsten Methoden erwähnt. Dabei wird auch sichtbar, dass die Herangehensweise an eine Datenerhebung auch immer das Ergebnis mitbestimmt. So gibt es die Möglichkeit, über die **amtliche Statistik** die Anzahl der Lebendgeborenen eines Kalenderjahres zu schätzen. Dabei werden jedoch nur die Kinder von Verheirateten ausgezählt. Kinder von Unverheirateten und Kinder von Verheirateten in zweiten oder weiteren Ehen werden nicht berücksichtigt. Für die jüngeren Jahrgänge ist die endgültige Kinderzahl noch nicht erreicht, sie muss daher auch geschätzt werden.

Es gibt weiterhin den **Mikrozensus**, der Auskunft über das Zusammenleben von Erwachsenen mit Kindern in einem Haushalt gibt. Die Frage, ob die Kinder bereits das Haus verlassen haben, ob es sich um leibliche oder Adoptiv- und Pflegekinder handelt, ist aufgrund der Mikrozensusdaten nicht zu beantworten. Andere Verfahren, wie zum Beispiel **sozialwissenschaftliche Erhebungen** in diesem Bereich (wie sie zum Beispiel vom Bundesinstitut für Bevölkerungsforschung vorliegen, Family and Fertility Survey), erlauben ebenfalls lediglich Schätzungen der Kinderzahl. Bei der **Berechnung der Gesamtgeburtenrate** (englisch: total fertility rate) wird die Anzahl der Kinder einer Frau geschätzt (beruhend auf altersspezifischen Geburts- und Sterbezahlen), die sie im Fall des Überlebens bis zum gebärfähigen Alter haben würde. Auch dieser Indikator ist nur begrenzt aussagekräftig, weil es sich um Schätzungen handelt, die auf der Grundlage verschiedener Generationen berechnet werden. Daher kann die Kinderzahl spezifischer Geburtsjahrgänge nicht genau ermittelt werden. Bevölkerungswissenschaftlern zufolge ist eine «total fertility rate» von 2,1 notwendig, um das Fortbestehen der Bevölkerung in der gegenwärtigen Größe zu gewährleisten. Diese Zahl wird jedoch von nahezu allen westeuropäischen Ländern unterschritten. Das heißt, bei diesem Thema werden dramatische Entwicklungen beschworen, aber konkrete, verlässliche und statistisch gesicherte Zahlen liegen nicht vor. Dennoch ist sichtbar, dass die Zahl der Kinder gegen Mitte bis Ende des letzten Jahrhunderts abgenommen hat und weiterhin abnimmt.

Anhand der Ergebnisse der Volkszählung 1970, von Mikrozensusdaten und eigenen Berechnungen hat der Bevölkerungswissenschaftler Schwarz herausgefunden, dass die Zahl der endgültig kinderlos gebliebenen Frauen im Verlauf des 20. Jahrhunderts zunächst gefallen, nach 1935 aber gestiegen ist und auch in der Zukunft wahrscheinlich noch weiter ansteigen wird. Frauen der Geburtsjahrgänge 1936–1940 sind zu 17 % kinderlos geblieben und der Anteil der Jahrgänge 1956–1960 wird auf 25 % geschätzt (vgl. Abb. 1.1). Im Geburtsjahrgang 1965 liegt der Anteil der kinderlosen Frauen heute bei 32 %. Dieses Ergebnis ist aber nur als vorläufiger Schätzwert zu betrachten, da diese Frauen noch Kinder bekommen können.

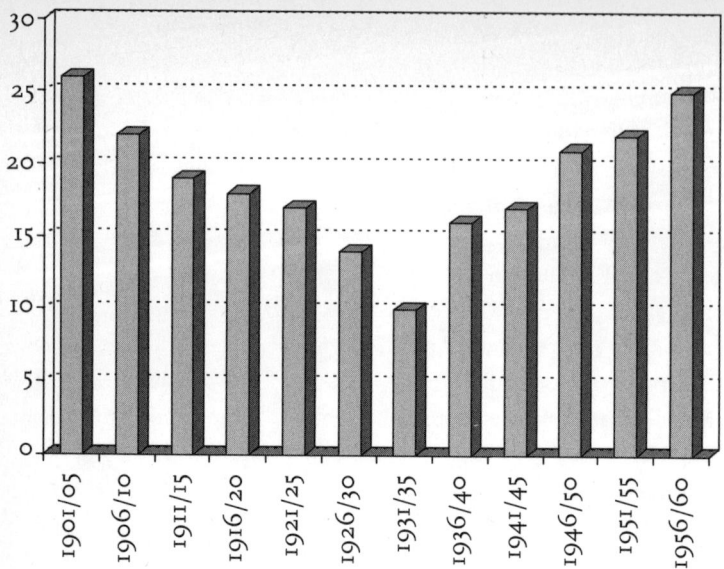

Abbildung 1.1   Kinderlos gebliebene Frauen 1901 bis 1960 (alte Bundes-
länder), je 100 Frauen (Schwarz, 1999, S. 234)

Die Abbildung verdeutlicht, dass der Anteil kinderloser Frauen in
Deutschland seit 1935 stetig gewachsen ist. Allerdings bleibt unklar, ob
der Anstieg auf einer Zunahme von ungewollter oder gewollter Kinderlosigkeit beruht. Berücksichtigen muss man natürlich auch, dass ohne
die technische Entwicklung der Reproduktionsmedizin, die im gleichen
Zeitraum stattfand, die Zahl der kinderlosen Frauen möglicherweise
höher wäre. Geschätzt wird, dass Frauen und Männer jeweils zur Hälfte
ungewollt und gewollt kinderlos sind. Es bestehen unterschiedliche Mei-
nungen zur Frage, welche Trends in Zukunft den Geburtenrückgang
entscheidend beeinflussen. Einige meinen, die gewollte Kinderlosigkeit
könnte wesentlich für die Abnahme der Kinderzahlen verantwortlich
sein. Anderen zufolge fällt der Trend zur Ein-Kind-Familie stärker ins
Gewicht.

Was man sonst noch wissen sollte:
Männer bleiben häufiger kinderlos als Frauen. Erklärt wird dieses Phänomen dadurch, dass Männer nicht immer von der Existenz ihrer Kinder wissen, nicht immer uneheliche Kinder anerkennen und weniger als Frauen die Neigung haben, eine zweite Ehe einzugehen.

Nach der Wiedervereinigung 1989 kam es in der ehemaligen DDR zu einem starken Geburtenrückgang, und erst seit 1995 steigen die Geburtenzahlen wieder. Zuvor war Kinderlosigkeit dort kaum verbreitet: Bei den Geburtsjahrgängen um 1960 beträgt der Anteil an kinderlosen Frauen gerade mal 10 %. Nahezu jeder war in der ehemaligen DDR verheiratet. Geheiratet wurde jung, und Kinder kamen zumeist kurz nach der Eheschließung auf die Welt. Diese besondere Situation wird mit den gesellschaftlichen Verhältnissen der ehemaligen DDR erklärt, da Frauen die Möglichkeit hatten, Beruf und Mutterschaft relativ leicht miteinander zu vereinbaren. Auch wurde von der ehemaligen DDR eine stark geburtenfördernde Sozial- und Bevölkerungspolitik betrieben. So hatte man beträchtlich bessere Chancen, eine Wohnung zu bekommen, wenn man verheiratet war und Kinder hatte. Familien waren im Vergleich zu bundesdeutschen Verhältnissen besser abgesichert, sie bekamen Zuschüsse und andere finanzielle Vergünstigungen. Dies alles hat sich nach der Wiedervereinigung tief greifend verändert, da große Umwälzungen im sozialen und ökonomischen Gefüge in Gang kamen, die sich auf die Familienplanung auswirkten. Unter den neuen Bedingungen der Marktwirtschaft ist auch in Ostdeutschland deutlich geworden, dass – so beschreibt es die Soziologin Elisabeth Beck-Gernsheim – «Kinder ein berufliches, soziales und finanzielles Existenzrisiko» bedeuten.

## Wie sieht es mit dem Geburtenrückgang in den europäischen Nachbarländern aus?

Dem Bevölkerungswissenschaftler Jürgen Dorbritz zufolge sind mit Ausnahme der Türkei, Albaniens und Georgiens alle europäischen Länder so genannte Niedrig-Fertilitäts-Länder, d. h. Frauen bringen in diesen Ländern durchschnittlich weniger als 2,1 Kinder zur Welt. Diese durchschnittliche Zahl von 2,1 Kindern pro Frau wäre für das Fortbestehen der Bevölkerung in der gegenwärtigen Größe erforderlich. Berücksichtigt werden muss allerdings, dass sich die einzelnen Länder im Hinblick auf den Beginn und das Ausmaß des Rückganges der Kinderzahlen unterscheiden. Zunächst kamen in Nord- und Westeuropa weniger Kinder auf die Welt, anschließend in Südeuropa, und schließlich fand in den 1990er Jahren ein Geburtenrückgang in den mittel- und osteuropäischen Staaten statt. In Nordeuropa, d. h. in den skandinavischen Ländern, zeichnet sich mittlerweile ein Wiederanstieg ab, während sich in Westeuropa, einschließlich Deutschlands, das Niveau der Geburtenrate hält und in Südeuropa sowie den osteuropäischen Ländern außerordentliche Geburtenrückgänge zu verzeichnen sind. Neben Ostdeutschland sind derzeit Lettland, Bulgarien, Tschechien, Spanien und Italien die Länder mit den niedrigsten Geburtenraten (Zahlen von 2000).

Gewisse Trends scheinen innerhalb Europas jedoch einheitlich zu verlaufen, wie etwa das steigende Durchschnittsalter bei der Familiengründung, der Anstieg der Partnerschaften ohne Trauschein und der Kinderlosigkeit. Aber es gibt dabei ein buntes Zusammenspiel zwischen Geburten- und Heiratshäufigkeit, Durchschnittsalter bei der Geburt und den Partnerschaften ohne Trauschein. In den Ländern Nordeuropas wird zum Beispiel weniger geheiratet, die Kinder werden später geboren und die Kinderzahlen steigen wieder an. In Südeuropa dagegen heiraten die Menschen wesentlich früher, bekommen aber keine Kinder mehr.

## Wie andere Länder Familienpolitik betreiben und was wir von ihnen lernen können

Besonders für Frauen ist die Entscheidung für oder gegen Kinder natürlich auch von den Möglichkeiten der Vereinbarkeit von Beruf und Mutterschaft abhängig. Stellen Sie sich vor, Sie sind eine Frau Ende zwanzig, haben einen Partner, stehen mitten im Beruf und überlegen sich, ob Sie ein Kind bekommen wollen. Lassen Sie uns durchspielen, wie ein Leben mit Kind in den verschiedenen europäischen Ländern aussehen würde.

Nehmen wir zunächst an, Sie leben in Deutschland. Was passiert, wenn Sie ein Kind bekommen?

In Deutschland ist die Familie im Wesentlichen eine Privatangelegenheit. Als Mutter haben Sie als Arbeitnehmerin zunächst Anrecht auf Mutterschaftsurlaub: Sechs Wochen vor der Entbindung und acht Wochen nach der Entbindung dürfen Sie nicht beschäftigt werden. Anschließend können Sie oder Ihr Partner bis zur Vollendung des dritten Lebensjahres Ihres Kindes Erziehungsurlaub nehmen. Ab der neunten Woche heißt es allerdings zurück zur Selbstverantwortung. Sie bekommen 154 Euro Kindergeld (das seit 1998 um zehn Euro für das erste und zweite Kind erhöht wurde) und – wenn Sie Erziehungsurlaub nehmen – Erziehungsgeld in Höhe von 600 DM, jetzt ca. 300 Euro. Alles andere ist Ihr privates Vergnügen. Mittlerweile sind die Regelungen etwas flexibler geworden, sodass Mutter und Vater sich abwechseln können und nicht nur in den ersten drei Jahren, sondern bis zum 8. Lebensjahr des Kindes diese Elternzeit nehmen können. Trotz der Möglichkeit, dass auch frisch gebackene Väter Erziehungsurlaub beantragen können, wird dieser Weg nur von einem winzigen Prozentsatz der Eltern eingeschlagen.

Nehmen wir an, Sie greifen auf das in Deutschland am häufigsten praktizierte Modell der Paarbeziehung mit Kind zurück. Da in den meisten Fällen Männer in ihren Berufen mehr als Frauen verdienen, werden Sie als Frau zu Hause bleiben und Erziehungsurlaub nehmen, während Ihr Partner im Beruf bleibt. Sie haben sich vielleicht auch gefreut, mal ein Jahr aus dem Beruf auszusteigen, und sich vorgenommen, Ihr Kind nach ein oder zwei Jahren in einen Kindergarten zu geben. Das ist aber nicht so einfach. Betreuungsangebote für unter Dreijährige sind in Deutschland kaum vorhanden, Ganztagskindergärten sind selten und häufig schon auf lange Sicht ausgebucht. Sie müssen sich richtig anstrengen, um einen zu finden, der bereits um halb acht aufmacht und in dem Sie Ihr Kind auch zumindest bis mittags unterbringen können. Halbtags bedeutet vielfach: Um 8.00 Uhr dürfen Sie das Kind bringen und um 11.30 müssen Sie es wieder abholen. Das reicht für keinen Halbtagsjob und bringt auch wenig Entlastung, wenn Sie zusätzliche Anfahrtzeiten berücksichtigen müssen.

Nach zwei bis drei Jahren Kinderpause und der anschließenden Phase, in der Sie nach einer Teilzeitstelle gesucht haben, könnte es sein, dass Sie das Gefühl haben, nicht mehr richtig «drin» zu sein in Ihrem Job. Vielleicht fühlen Sie sich auch innerlich zerrissen, wenn Sie wieder halbtags im Beruf sind: Sie haben eventuell das Gefühl – wie viele andere westdeutsche Frauen –, weder Kind noch Beruf gerecht zu werden. Wenn Sie Glück haben, bekommen Sie für Ihr Kind ab drei Jahren einen Kindergartenplatz, wo Ihr Kind länger bzw. ganztags bleiben kann. Ansonsten müssen Sie Alternativen entwickeln, die häufig mit Kosten verbunden sind, wenn Sie etwa eine Tagesmutter engagieren. Die Probleme mit der außerhäuslichen Betreuung bleiben auch bestehen, wenn Ihr Kind älter ist: Die Einrichtungen für ältere Kinder wie auch Schulen sind zeitlich überwiegend auf den Vormittag beschränkt.

Nehmen wir nun an, Sie leben in Skandinavien und bekommen ein Kind.

In **Norwegen** können Sie als Frau nach der Geburt 42 Wochen bezahlten Mutterschaftsurlaub nehmen, d.h. Sie kümmern sich um Ihr Kind bei voller Lohnfortzahlung. Wenn Sie 52 Wochen zu Hause bleiben wollen, erhalten Sie 80 % Ihres vorherigen Verdienstes. Auch im Anschluss an den Mutterschaftsurlaub brauchen Sie sich keine Sorgen zu machen. Sie sind in ihrem Berufsleben flexibel und können auf die verschiedenen Anforderung eines Lebens mit Kindern gut reagieren: So können Sie, wenn Ihr Kind zum Arzt muss, krank ist oder eingeschult wird, ohne Probleme später zur Arbeit gehen. Der Arbeitstag endet um 16.30

Uhr, wenn die Kindertagesstätten schließen. Über Arbeitskonten und Regelungen zum Elternurlaub gibt es Möglichkeiten, sich den Anforderungen von Beruf und Familie flexibel anzupassen. Auch besteht eine gute Versorgung an öffentlichen Tagesstättenplätzen. Die Rate liegt bei 62 %. Wenn Ihr Kind im Alter bis zu zwei Jahren keinen Kindergartenplatz in Anspruch nimmt, erhalten Sie ein «Elterngeld» von knapp 400 Euro im Monat. Auch können Sie als Mutter Teilzeit oder Vollzeit arbeiten. Es besteht ein vergleichsweise hohes Angebot an Teilzeitarbeitsplätzen. In Norwegen sind 77 % der Frauen mit Kindern im Alter unter drei Jahren erwerbstätig. Davon arbeiten 41 % mehr als halbtags.

Wichtig ist auch, dass jeder die Rente in Norwegen bekommt, der 20 Jahre gearbeitet hat. Eine vorübergehende Teilzeitarbeit hat keine negativen Konsequenzen für die spätere Rente oder Sozialleistungen, da die Rente entsprechend den 20 besten Verdienstjahren gezahlt wird.

In **Schweden** kann sich ein Elternteil bis zu 360 Tage nach der Geburt eines Kindes von der Arbeit befreien lassen und erhält 80 % des letzten Gehaltes. Für nahezu jedes Kind im Alter von einem Jahr gibt es einen Kindergartenplatz. Die Kosten für die Kinderbetreuung richten sich nach dem Einkommen der Eltern. Auch wenn die Kinder älter sind, ist es kein Problem, Familie und Beruf unter einen Hut zu bekommen. Es gibt ein sehr gut ausgebautes Betreuungssystem für Kinder aller Altersklassen. Eltern sollen sich ihren Kindern widmen können, ohne negative Auswirkungen auf die Kontinuität des Erwerbslebens zu erfahren. Bemerkenswert in Schweden: Es gibt die Möglichkeit, in den ersten 360 Tagen, in denen ein Elternteil nach der Geburt freigestellt wird, einen Vatermonat zu machen. Bisher nimmt ca. ein Drittel der schwedischen Väter diese Möglichkeit in Anspruch.

Die skandinavischen Konzepte sehen also sowohl die Integration der Frauen in die Erwerbsarbeit als auch eine starke Einbeziehung der Väter in die Erziehungs- und Hausarbeit vor. So gibt es für Väter eigenständigen Vaterschaftsurlaub, den Papamonat bzw. eine Vaterschaftsquote innerhalb des Elternurlaubes.

Stellen wir uns nun vor, Sie leben in **Frankreich** und überlegen sich, ein Kind zu bekommen, oder sind schwanger. Auch in Frankreich werden

Sie – wie viele andere Frauen – Ihr Kind nach drei Monaten in eine Krippe bringen und Ihrem Beruf anschließend weiter nachgehen können. Allerdings haben Sie nur Anrecht auf den Elternurlaub – der also auch von Ihrem Partner genommen werden kann –, wenn Sie mindestens eine einjährige Betriebszugehörigkeit vorweisen können. Einen Karriereknick brauchen Sie mit Kindern nicht zu befürchten. In Frankreich wird es den Frauen durch ein weit reichendes Angebot an Kinderbetreuung und durch Teilzeitarbeitsstellen ermöglicht, berufstätig zu sein. Jede sechste Frau arbeitet weniger als 100 %, jedoch häufig bis zu 80 %. Ein Drittel der bis Dreijährigen wird extern betreut, und ab vier Jahren sind eigentlich nahezu alle Kinder in einer Vorschule untergebracht, die – wie die späteren Schulen auch – eine Ganztagseinrichtung ist.

In Frankreich erhalten Familien finanzielle Unterstützung über die so genannten Familienkassen. Diese wird flexibler als in Deutschland und gezielter an bedürftige Familien verteilt. Neben dem Kindergeld gibt es weitere finanzielle Hilfen für Familien. Auch werden Kindererziehungszeiten auf die Rente angerechnet und diese pauschal um 10 % ab dem dritten Kind erhöht. Väter sind dagegen auch in Frankreich bisher wenig in die Kinderbetreuung einbezogen worden.

Ich habe an dieser Stelle nur einige europäische familienpolitische Konzeptionen herausgegriffen, von denen die deutschen Gesetzgeber lernen könnten. Aber auch ein Land wie zum Beispiel Dänemark hat gute Rahmenbedingungen geschaffen, um Beruf und Mutterschaft miteinander zu vereinbaren. Und: In keinem der Länder sind die Mittel an Familienunterstützung höher veranschlagt, obgleich die Kinderbetreuung quantitativ und qualitativ besser als in Deutschland ist.

Die obigen Ausführungen haben – denke ich – verdeutlicht, dass die Geburt eines Kindes für viele deutsche Mütter mindestens eine einschneidende Unterbrechung ihres Berufslebens bedeutet. Viele stecken für ihre Kinder beruflich längerfristig, manche sogar ganz zurück – wenn Kinder auf die Welt kommen, zeichnet sich dies in den Karrieren der Frauen deutlich ab. Das müsste nicht so sein! Dank des ausgebauten ganztägigen Betreuungssystems in Frankreich müssen zum Beispiel Französinnen, wenn sie Mütter werden, keine Familienphase einlegen,

d. h. mindestens ein halbes Jahr aus dem Beruf gehen, um anschließend wieder halbtags zu arbeiten und schließlich vielleicht nach und nach in die Vollzeitarbeitstätigkeit einzusteigen.

Deutschland hinkt in der Familienpolitik hinterher! Im Gegensatz zu anderen europäischen Ländern hat die deutsche Gesetzgebung nie versucht, Familienpolitik mit Mitteln wie umfangreicher Kinderbetreuung, flexiblem Erziehungsurlaub oder Teilzeitarbeit umzusetzen. Das progressiv anmutende Ziel bestand darin, Familien- und Geschlechterpolitik miteinander zu vereinbaren. Zum einen wurde eine Veränderung der Geschlechterrollen in Richtung Gleichberechtigung und damit eine «partnerschaftliche» Verteilung der Erziehungsaufgaben angestrebt. In der Realität endet das jedoch nicht selten in einem täglichen Kampf der Partner um Haushalt und Versorgung des Kindes. Die viel beschworene Vereinbarkeit zwischen Beruf und Familie ist dabei ganz selbstverständlich Frauensache geblieben. Zum anderen verfolgte man die Idee, die Kindererziehung nicht an Institutionen abzugeben, sondern sie im Schoße der Familie zu belassen. Denn die bisherige deutsche Familienpolitik wird weitgehend von der Vorstellung bestimmt, Kinder bräuchten kontinuierlich eine Betreuungsperson in den ersten Jahren ihres Lebens, vorzugsweise die Mutter. Mutterschaft sei daher mit einer gleichzeitigen Erwerbstätigkeit unvereinbar. Frauen könnten entweder ihrem Beruf nachkommen oder Mutter sein. Sie müssten sich entscheiden zwischen Kindern oder Karriere, ansonsten riskierten sie, weder dem Kind noch dem Beruf gerecht werden zu können. Dieses Hausfrauenmodell entspricht nach einer Studie von Dorbritz auch weitgehend dem Wunsch und den Vorstellungen vieler westdeutscher Frauen (Zahlen von 1997). Diese Auffassung von Kindererziehung teilen die Franzosen und Französinnen nicht. Aber auch die ostdeutschen Frauen sind in diesem Punkt ganz anders sozialisiert. Aus der heutigen Generation wollen vier von fünf ostdeutschen Frauen vollzeiterwerbstätig sein, wenn sie Kinder haben.

Nach den aktuellen Debatten zu schließen, haben deutsche Politiker/ -innen die Notwendigkeit für Neuerungen in diesem Bereich erkannt. Es bleibt zu hoffen, dass die deutsche Gesetzgebung bezüglich der familienpolitischen Regelungen von den europäischen Nachbarn lernt und sich an den Konzeptionen der skandinavischen Länder oder Frankreichs orientiert.

Wie die weiteren Kapitel zeigen werden, sind diese gesellschaftlichen Rahmenbedingungen aber nicht die einzigen relevanten Faktoren, die zu einer Entscheidung gegen Kinder führen können.

## 2. Die Geschichte der Kindheit: Von Mägden und Knechten zum Lebensmittelpunkt der Eltern

Ein Blick in die Geschichte verdeutlicht, wie stark gesellschaftliche Rahmenbedingungen Familienformen mitgestaltet haben. Zudem eröffnet diese Betrachtungsweise die Möglichkeit, Vergleiche zu ziehen und Urteile über die Einmaligkeit der heutigen Situationen zu fällen. Unter Rückgriff auf die Geschichte können vermeintlich moderne Entwicklungen der Familien hinterfragt und die aktuelle Situation besser verstanden werden. Oder wie der Soziologe Norbert Elias sagte: «Oft lässt sich das, was heute geschieht, überhaupt nicht verstehen, wenn man nicht weiß, was gestern geschah.»

Aus historischer Perspektive kann eine bewusste Lebensplanung ohne Kinder als ein neues Phänomen bezeichnet werden. Die Existenz kinderloser Frauen und Männer in Gesellschaftsformen der Vergangenheit steht hierzu nicht im Widerspruch. In früheren Gesellschaften war gewollte Kinderlosigkeit meist an die Ausübung religiöser Tätigkeiten gebunden und ging mit einem Heiratsverzicht einher. Mit der Einführung sicherer Verhütungsmittel und im Zusammenhang mit dem Bedeutungswandel von Kindern können seit den 1960er Jahren breite Bevölkerungskreise eine bewusste Entscheidung für oder gegen ein Kind fällen. Methoden der Empfängnisverhütung sind zwar seit dem 17. Jahrhundert bekannt und wurden zumindest von der städtischen Bevölkerung weitgehend praktiziert, dennoch blieben Empfängnis und Geburt in eine religiöse und soziale Ordnung eingefügt. Die Familie stellte vorrangig eine Haus- und Wirtschaftsgemeinschaft dar, in der Kinder als Erben, Namensträger, Arbeitskräfte und zur Alterssicherung der Eltern gebraucht wurden. Kinder waren die erwartete Folge einer ehelichen Gemeinschaft.

Wie haben in vergangenen Jahrhunderten Menschen in Familien zusammengelebt? Was hatten Kinder für eine Bedeutung? Wie wuchsen sie auf und wie war ihre Beziehung zu den Eltern?

## Kinder als Mägde und Knechte:
## Das frühe Mittelalter bis zum 16. Jahrhundert

In der vorindustriellen Gesellschaft lebten die Menschen überwiegend in Wirtschafts- und Haushaltsgemeinschaften zusammen. Zu diesen wirtschaftlichen Produktionsgemeinschaften des «ganzen Hauses» gehörten neben den Hausherrschaften und ihren Kindern Mägde, Knechte, Verwandte, Lehrlinge und Gesellen. Sie sicherten die Existenz der Haushaltsmitglieder, die Generationsfolge und die Besitzverhältnisse. Ca. 70 bis 80 % der Bevölkerung lebten in diesem familiären Verband. Die Haushaltsgemeinschaft war ein sozialer Bezugsrahmen, der durch Arbeitsleistungen bestimmt war. Sowohl die Ehebeziehungen als auch die Beziehungen zwischen Eltern und Kindern waren geprägt durch ökonomische Interessen. Die Liebe war kein wichtiges Element der Ehe, sondern es wurde ausschließlich aus sachlichen Erwägungen geheiratet, die auf ein optimales Funktionieren der Arbeitsorganisation ausgerichtet waren.

Auch hatten leibliche Kinder keinen wesentlich anderen Stellenwert als andere Verbandsmitglieder: Die Mägde, Knechte, Gesellen und Lehrlinge unterstanden wie die leiblichen Kinder der Aufsicht und der Kontrolle der Eltern. Kinder waren immer zusätzliche «Esser», die möglichst bald in den Produktionsbereich eingebunden werden sollten. Das Verhältnis zu den Kindern beruhte daher auch nicht auf einer emotionalen Beziehung, sondern ergab sich durch den Beitrag, den sie innerhalb des Kooperationsgefüges leisten konnten. In den traditionellen Agrargesellschaften war die Versorgung der Kinder nicht der Mutter überlassen, sondern wurde von Bediensteten und in der Hausgemeinschaft lebenden älteren Verwandten übernommen. Der überwiegende Teil der Bevölkerung lebte in Armut. Aufgrund der materiellen Überlebensbedingungen kam die Vorstellung, Kindern emotionale Zuwendung und Fürsorge zukommen zu lassen, erst gar nicht auf. Übliche Verfahren der Kinderbetreuung waren strammes Wickeln, langes Liegenlassen der Kinder, Steckwickeln und Ruhigstellung der Kinder durch Alkohol und Opiate – so störten sie am wenigsten während der Arbeit auf dem Feld.

Eine Mutter hatte durchschnittlich acht bis zwölf Geburten zu überleben. Mangelnde Hygiene, Krankheiten und schlechte Ernährung trugen jedoch dazu bei, dass die Kindersterblichkeit sehr hoch war: 20 % der Säuglinge starben im ersten Lebensjahr und 50 % der Kinder vor dem 15. Lebensjahr. In vielen Familien blieben somit häufig nur ein bis zwei Kinder am Leben; eine größere Anzahl hätte auch gar nicht materiell versorgt werden können. Sicherlich ist die hohe Kindersterblichkeitsquote auch auf den Mangel an Fürsorge und Zuneigung zurückzuführen. So wurden Kinder auch einfach ausgesetzt, sich selbst überlassen oder bewusst getötet. Wirtschaftliche Bedrängnis, Existenznöte oder drohende Vermögensminderung durch Mitgiftzahlungen bei Töchterreichtum waren Gründe, Kinder nicht am Leben zu erhalten. Kinder, die voraussichtlich nicht als Arbeitskraft gebraucht würden, betrachtete man mit Gleichgültigkeit und verstieß sie nicht selten.

Insgesamt waren Geburt und «Wochenbett» für Frauen aller sozialen Klassen, besonders aber für Frauen der untersten Schichten mit einem hohen Lebensrisiko verbunden, sodass ihnen eine Schwangerschaft keinesfalls als ein «freudiges Ereignis» erschien.

Ab dem 15. Jahrhundert wurden in den Familien der Oberschicht Säuglinge bis zu ihrem fünften Lebensjahr zu Lohnammen auf das Land gegeben. Das Stillen der Kinder galt als unschicklich, und die Pflege und Betreuung der Kinder wurde als lästig empfunden. Die Versorgung von Kindern durch Ammen setzte sich zunehmend auch in anderen Bevölkerungsschichten durch. Gründe für die Abgabe der Kinder waren bei den Frauen der Unterschicht neben der geringen gesellschaftlichen Bewertung der Kinderversorgung auch die harten Arbeitsbedingungen. Sie hatten häufig gar keine Zeit, sich um ihre Kinder zu kümmern. Konnten die Kinder nicht an Ammen abgegeben werden, wurden sie sehr häufig in Findelhäuser gebracht. Sowohl bei Ammen als auch in Findelhäusern waren ihre Überlebenschancen gering. In einer Polizeistatistik aus dem Jahre 1780 ist nachzulesen, dass von 21 000 Neugeborenen jährlich etwa 17 000 an Ammen auf dem Land abgegeben wurden, zwischen 2000 und 3000 Kinder wurden im Heim untergebracht und nur etwa 700 Kinder von den eigenen Müttern versorgt.

## Von der Arbeitskraft zum pädagogischen Erziehungsobjekt: Kinder im 16. bis 18. Jahrhundert

Durch das Aufkommen der Heimindustrie und der Manufakturen als neue Formen der wirtschaftlichen Produktion erfuhr die Haus- und Wirtschaftsgemeinschaft einen großen Bedeutungsverlust, da diese neuen Arbeitsstrukturen eine Ablösung aus der hausväterlichen Verfügungsgewalt begünstigten. Immer mehr Menschen wanderten in die Städte ab, da die abhängige Lohnarbeit mehr Freiheit versprach und als attraktive Alternative zum häuslichen Betrieb erschien, da sie auch ohne Besitzerwerb eine selbständige Erwerbstätigkeit ermöglichte. Zudem wurden für die Heimarbeit und in der Manufaktur höhere Löhne gezahlt.

Durch die gesellschaftlichen Veränderungen im 16. bis 18. Jahrhundert entstanden neue Familienstrukturen: Es gab nunmehr die Heimarbeiterfamilie, die kleinbürgerliche Familie und die großbürgerliche.

Bei der Heimarbeiterfamilie war die Eheschließung und Familiengründung nicht länger an den Besitz eines Hofes oder einer Werkstatt gebunden. Damit wurden Liebesheiraten möglich. Der Haushalt war nicht mehr als Versorgungseinheit für Verwandte oder gar Dienstboten, sondern zum ersten Mal als kernfamiliäre Erwerbsorganisation gedacht: Kinder leisteten ab jungen Jahren einen erheblichen Beitrag zur Erhöhung des Einkommens.

Das traditionelle Handwerk existierte zwar weiter, konnte aber sein Fortbestehen nur um den Preis sozialer Zurückstufungen sichern, d.h. Gesellen und Lehrlinge wurden nicht mehr zur Familie gezählt und mussten für Kost und Logis zahlen. Nach dem Wegfallen von Gesellen und Lehrlingen bestand die Handwerkerfamilie als kleinbürgerliche Familie weiter. Kinder hatten in der kleinbürgerlichen Familie für das Wirtschaftsleben eine geringere Bedeutung, da sie durch die Mitarbeit im Betrieb weniger zum Einkommen beitragen konnten als in der Heimarbeiterfamilie. Sie stellten erstmalig einen Kostenfaktor dar. Da zusätzlich die Wohnsituation meist sehr beengt war, weil Werk- und Wohnstätte sich in einem Raum befanden, wurde versucht, ihre Anzahl gering zu halten.

Die großbürgerliche Familie dagegen betrieb neben den Geschäften nach wie vor Vorratswirtschaft und Eigenbedarfsdeckung. Zwischen Erwerbstätigkeit, Haushalt und Familienleben war zu diesem Zeitpunkt noch keine Trennung festzustellen. In den großbürgerlichen Familien gab es bereits im 18. Jahrhundert das Idealbild der umsichtigen Hausfrau, die neben außergewöhnlichem Fleiß auch Organisationsvermögen, sparsamen Geschäftssinn und pädagogische Fähigkeiten haben sollte. Die Mütter in der großbürgerlichen Familie des 18. Jahrhunderts sollten sich bereits voll und ganz dem Haushalt und der Kindererziehung widmen. In der übrigen Zeit unterstützten sie den Mann bei seinen Geschäften. Der Vater als Familienoberhaupt verlangte in der Regel die strenge Erfüllung der Pflichten aller anderen Familienglieder. Unterwürfigkeit und Disziplin statt Gefühle und Zärtlichkeit strukturierten die Beziehungen untereinander.

**Kinderarbeit und Muttermythos im 19. Jahrhundert**

Mit dem Fortschreiten der Industrialisierung im 19. Jahrhundert verlor die Familie vollständig ihre Funktion als unmittelbare Arbeits- und Erwerbsgemeinschaft. Eine erneute Umorganisation der familiären Verhältnisse wurde auf diese Weise nötig. Die Tendenz, Wohnung und Arbeitsstätte voneinander zu trennen, verstärkte sich und setzte sich gesamtgesellschaftlich durch. Dies hatte auch Folgen für die Erziehung und Beaufsichtigung der Kinder. Am Beispiel des neu aufkommenden Familientypus der Fabrikarbeiterfamilie lässt sich der damit verbundene Bedeutungswandel der Kinder exemplarisch darstellen. In der Fabrikarbeiterfamilie waren das Familienleben und das Erwerbsleben bzw. die Erwerbstätigkeit, der Haushalt und der Betrieb, voneinander getrennt, sodass die Arbeitseinheit von Eltern und Kindern damit aufgehoben war. Ebenso wie in der bürgerlichen Familie wurde die Mutter, soweit sie nicht zum Einkommen beitragen musste, alleinige Sozialisationsinstanz der Kinder. Da viele Frauen aber einer außerhäuslichen Erwerbstätigkeit nachgehen mussten und somit als Betreuungspersonen ausfielen, übernahmen zunehmend Institutionen wie Krippen, Kinderbewahrungsanstalten und Horte diese Funktion.

Bei den bäuerlichen Familien auf dem Land blieb nach wie vor die wesentliche Funktion von Ehe und Familie die Wahrung der Besitzverhältnisse. Die Ehe war vielfach nur ein Vertragsverhältnis, bei dem beide Partner ihre Pflichten zu erfüllen hatten und gegenseitiges Gewährenlassen an der Tagesordnung war.

Die Veränderung der Produktionsverhältnisse im 19. Jahrhundert fiel zusammen mit der Verbesserung der hygienischen Situation, der Schaffung einer günstigeren Ernährungsbasis, die die Resistenz gegen Erkrankungen erhöhte, und mit den Errungenschaften der Medizin, die zu einer erheblichen Verringerung der Sterblichkeitsrate allgemein und besonders bei Kindern führte. Die Überlebenschancen der Kinder erhöhten sich, die Kinderzahlen jedoch sanken. Wie kam dies zustande? Die industrielle Entwicklung hatte die traditionellen Zusammenhänge zwischen Eheschließung und hausrechtlichem Stand gelöst, sodass die überwältigende Mehrheit der Bevölkerung sich nunmehr aus individuellen Lohn- und Gehaltsempfängern zusammensetzte. Der Ehestand korrespondierte nicht mehr mit der Stellung als Hausherr, sodass es de facto weniger unverheiratete Personen und mehr Familien gab. Doch konnten die Familien nur bei reduzierter Kinderzahl ihren sozialen Status erhalten, und die materiellen und immateriellen Kosten für Kinder sowie Wohnungsprobleme führten zu einem Rückgang der Kinderzahlen. Daher stehen die Anfänge der planmäßigen Geburtenbeschränkung im städtischen Bürgertum auch im Zusammenhang mit der zunehmenden Verstädterung.

Durch den Aufstieg des Bürgertums, der industriellen Entwicklung und der damit verbundenen Arbeitsorganisation außerhalb der Familie veränderten sich die gesellschaftlichen Vorstellungen über die Familie. Im deutschen Sprachgebrauch beschreibt der Begriff der «Familie» erst ab dem 19. Jahrhundert eine Gemeinschaft, die sich lediglich aus Eltern und ihren Kindern zusammensetzt. Zuvor sprach man eben vom «Haus». Der Begriff «familia» meint im mittelalterlichen Latein die Gesamtheit der in einem Haus lebenden Personen, und das deutsche «hus» – ‹Haus› entsprach diesem inhaltlich.

Auch trug die Aufklärung zum Wandel des Ehe- und Familienbildes bei: Die Ideen der Aufklärung forderten die persönliche Verantwortung der Eltern für ihre leiblichen Kinder, und das Zeitalter der Romantik entwarf ein neues Familienleitbild. Die moderne bürgerliche Familie war nunmehr als eine legale, lebenslange und monogame Ehebeziehung gedacht, zu der auch unbedingt Kinder gehörten. Innerhalb dieses neuen Familienverständnisses bestand die Aufgabe der Frau nicht mehr darin, zur Existenzsicherung beizutragen, sondern sie war für die Gefühle und die Beziehungen in der Familie zuständig. Ihr Tätigkeitsbereich verlagerte sich auf das «Dasein für die Familie», wie die Soziologin Elisabeth Beck-Gernsheim beschreibt. Im Zuge der Aufklärung verschwand die gemeinsam wirtschaftende Haushaltsgemeinschaft zunehmend, und es bildete sich die Kleinfamilie des heutigen Typus heraus.

Durch die Privatisierung der Familienbeziehungen entwickelte sich ausgehend von der Oberschicht eine verstärkte Hinwendung der Mütter zu ihren Kindern. So wurden in dieser Zeit zum Beispiel die «Freuden» des Stillens wieder entdeckt, das Säuglingsammenwesen dagegen abgelehnt. Die Vorstellungen von der Kindheit als einer bedeutsamen Lebensphase und dem «Kind» als einem Wesen mit spezifischen Bedürfnissen setzten sich erst mit der Entstehung eines privaten Familiengefühles und im Kontext der modernen bürgerlichen Gesellschaft des 19. Jahrhunderts durch. Mit der Veröffentlichung von Rousseaus Roman «Emile ou De l'éducation» bereits im Jahre 1762 hatte die Entdeckung des Kindes und der Kindheit begonnen. Bis zu diesem Zeitpunkt waren liebevolle Zuwendung als Voraussetzung für eine gesunde Entwicklung des Kindes und die Betrachtung der Kindheit als sensible Entwicklungsphase unbekannt. Rousseau verlangte, dass Eltern sich ihren Kindern emotional zuwenden und sie durch eine «kindgerechte» Erziehung in ihren spezifischen Fähigkeiten fördern.

Hiermit beginnt die moderne Ära in der Geschichte der Kindheit und der Elternschaft. Die elterliche Pflicht besteht nunmehr darin, Kindern bestmögliche Startchancen für ihr zukünftiges Leben zu bieten. Diese Vorstellung setzt sich in einer Zeit durch, in der die Bildung und Ausbildung von Menschen zunehmend an Bedeutung gewinnt, da gesellschaftliche Positionen nicht mehr lediglich vererbt werden. Gleichzeitig werden durch die medizinischen Fortschritte die Ursachen der hohen Säuglingssterblichkeit ergründet und erste Regeln der Kindererziehung aufgestellt. Eltern sind gemäß den neuen Erziehungsmaximen angehalten, diese «zum Wohl des Kindes» einzuhalten (Hygiene, Ernährung usw.). Die ersten Grundsteine des «neuen» Verständnisses von elterlichen Pflichten sind damit gelegt.

Mit der wachsenden Bedeutung der Kindheit erfuhr auch die Rolle der Frau als Mutter eine Aufwertung. Die Soziologin Elisabeth Badinter schreibt dazu sehr treffend:

> *Das Bild der Mutter, ihrer Rolle und ihrer Bedeutung änderte sich tief greifend, wenn auch die tatsächlichen Verhaltensweisen noch nachhinken. Die Frau wird darin verpflichtet, vor allem Mutter zu sein, und es entsteht ein Mythos: der Mythos vom Mutterinstinkt oder von der spontanen Liebe einer jeden Mutter zu ihrem Kind.*

Mutterschaft wurde in dieser Zeit als die natürliche Bestimmung, als Lebensziel und Lebensaufgabe der Frau angesehen. Dies galt natürlich nicht für alle Frauen, da Frauen unterer Schichten nach wie vor zum Lebensunterhalt beitragen mussten. Die Inszenierung der neuen Mütterlichkeit hatte ihren Höhepunkt Mitte des 19. Jahrhunderts. Das nun geltende Familienleitbild wurde zunächst von bildungsbürgerlichen Schichten und mit zeitlicher Verzögerung seit Beginn des 20. Jahrhunderts auch von anderen sozialen Klassen übernommen.

Die Zuwendung zu der Persönlichkeit des Kindes brachte im 19. Jahrhundert auch die Einrichtung und Ausgestaltung der Kinderstuben mit sich. Hier konnte Kinder spielen und sich frei bewegen. Auch die Kleidung der Kinder änderte sich: Sie erlaubte ihnen spielerische Bewegungsfreiheit. Dies galt selbstverständlich nur für die Kinder der oberen Schichten. Handwerker- und Bauernkinder halfen weiterhin bei der Arbeit. In allen Schichten waren drakonische Strafen und Grausamkeiten gegenüber Kindern an der Tagesordnung und wurden als berechtigter Teil der elterlichen Erziehung empfunden.

Die allmähliche Umstrukturierung der familiären Arbeits- und Wirtschaftsgemeinschaften zur Kleinfamilie zeigte sich auch auf dem Land, wo sich die traditionellen Haushaltsgemeinschaften zunächst noch einige Zeit hielten. Die Lebensbedingungen der unteren Schichten in den Städten waren dagegen von schlechten Arbeits-, Wohnungs- und Ernährungsbedingungen geprägt. Eine Erziehung und Betreuung der Kinder war aufgrund der Arbeitszeiten nicht möglich. Zur Überlebenssicherung mussten Väter und Mütter bis zu 12 Stunden arbeiten. Auch wenn die pädagogischen Zielsetzungen durchaus Teil der Vorstellungswelt der Fabrikarbeiterfamilien wurden, blieben sie in der Realität weitgehend unerfüllbar. Noch in der zweiten Hälfte des 19. Jahrhunderts war die Existenzsicherung für die unteren Klassen durch die Unsicherheit des Arbeitsplatzes und der niedrigen Löhne so bedeutend, dass viele Familien auf Kinder als Arbeitskräfte angewiesen waren. Noch Ende des 19. Jahrhunderts und zu Beginn des 20. Jahrhunderts arbeiteten ca. eine Million Kinder in gewerblichen Betrieben, in der Landwirtschaft, im Handel, Bergbau und im Dienstleistungsbereich. Arbeiterkinder schufteten häufig bis an die Grenzen ihrer körperlichen Leistungsfähigkeit unter katastrophalen Bedingungen. Eine gesundheitliche und psychische Vernachlässigung dieser Kinder war daher bis Anfang des 20. Jahrhunderts die Regel. Erst mit dem Fortschritt des Maschinenwesens ging die Zahl der arbeitenden Kinder wesentlich zurück.

### Kinder als emotionale Bereicherung und Selbstverwirklichung: Das 20. Jahrhundert

Anfang des 20. Jahrhunderts wurden die für Frauen weitgehend versperrten Wege zu Bildung und qualifizierter Berufsarbeit allmählich durchlässiger. Vor allem in den Angestelltenberufen war eine starke Zunahme weiblicher Erwerbstätigkeit zu verzeichnen. Die Geburtenzahlen sanken Anfang des 20. Jahrhunderts und lagen von der Mitte der 20er Jahre bis zum Ende des Zweiten Weltkrieges in den meisten europäischen Ländern unter dem Reproduktionsniveau*. Mitte der 30er Jahre stiegen die Kinderzahlen wieder an. Der Nationalsozialismus betrachtete die Familie aus eugenischen und gesellschaftspolitischen Erwägungen als Kernzelle der «völkischen Gemeinschaft». Der Bevölkerungspolitik

---

* Durchschnittliche Kinderzahl pro Frau, die für das Fortbestehen der Bevölkerung in der gegenwärtigen Größe erforderlich wäre.

wurde in der Zeit des Nationalsozialismus eine große Bedeutung zuge-schrieben. Die Frau wurde u. a. mit verschiedenen Gesetzen, zum Bei-spiel dem Gesetz zum Berufsverbot von Müttern und dem Gesetz zur «Verminderung der Arbeitslosigkeit», weitgehend aus der Berufstätig-keit ausgeschlossen und auf die Mutterrolle reduziert.

Ehestandsdarlehen, Kinderbeihilfe, Steuerermäßigungen, völlige Steuerfreiheit ab dem fünften Kind, Verleihung der Ehrenkreuze für Mütter sollten mit Nachdruck die Zwei-Kinder-Familie bekämpfen und das Anwachsen eines «völkischen Staates mit einem rassenreinen erb-gesunden Volk» vorantreiben. Die steigenden Kinderzahlen in den 30er Jahren sind aber vermutlich weniger auf die nationalsozialistische Be-völkerungspolitik als auf einen Nachholeffekt zurückzuführen, da viele Menschen während der Weltwirtschaftskrise und in den Kriegsjahren ihre Kinderpläne aufgeschoben hatten. In der Nachkriegszeit stiegen die Geburten wieder an. Etwa ab 1950 kommt es in allen europäischen Län-dern zum so genannten «Babyboom», der 1965 seinen Höhepunkt er-reichte: das «goldene Zeitalter der Familie», wie der Familiensoziologe Kaufmann es nennt. Wie erklärt man sich das? Der Babyboom wird auf eine besondere Wertschätzung des Familienlebens zurückgeführt. Nach den vielen Not- und Angstsituationen sowie langen Trennungszeiten zwischen Familienangehörigen durch den Zweiten Weltkrieg sehnten sich die Menschen nach Werten, deren Erfüllung sie im Rahmen der Familie suchten. Ab Mitte der 60er Jahre ergab sich dann in vielen euro-päischen Ländern ein steiler Abfall der Geburtenrate: Der Trend zu im-mer früheren Erstheiraten endete, das Heiratsalter stieg wieder an, es verbreiteten sich neue Lebensformen, und die Geburtenzahlen waren rückläufig (vgl. Abb. 1.1).

Die Entwicklungen im letzten Jahrhundert sind als Fortsetzung der Verän-derungen der vergangenen Jahrhunderte zu sehen, wenn auch qualitativ neue Entwicklungen hinzukommen. Die seit dem 17. Jahrhundert statt-findenden wirtschaftlichen und gesellschaftlichen Veränderungen führen im 20. Jahrhundert zu einer noch stärkeren Herauslösung der Menschen aus den traditionellen Einbindungen in die Familie und die kleinen Dorf-gemeinschaften. Die Erfordernisse der Dienstleistungs- und Industriegesellschaft lassen den Bildungs- und Ausbildungsgrad der Menschen im 20. Jahrhundert ansteigen und verlangen verstärkt ihre Mobilität. Die Menschen lösen sich zunehmend aus ihren dörflichen oder aus den Familienstrukturen heraus und müssen andere Lebensformen aufbauen ohne Rückgriff auf traditionelle Sicherheiten oder Strukturen (Individualisierung). Damit erweitern sich ihre Handlungsspielräume, und die Möglichkeiten der Lebensgestaltung werden vielfältiger. Gleichzeitig werden aber auch hohe Orientierungs- und Entscheidungsanforderungen an jeden Einzelnen gestellt. Im Zuge dieser gesellschaftlichen Veränderungen findet auch ein Wandel der Wertorientierungen statt – unter anderem eine geringere Bindung an die Kirche. Kinder werden zunehmend als Verlust sozialer Chancen verstanden, da sie sich hemmend auf die Wahrnehmung anderer Lebensalternativen auswirken können.

Aufgrund der besseren Bildung von Frauen und ihrer Teilnahme an der bezahlten Erwerbstätigkeit kommen neue Partnerschaftsmodelle auf, und die Geschlechterrollen verändern sich. Bis in die 60er Jahre war lediglich der Lebenslauf der Männer vom Trend der Individualisierung geprägt. Die Frau wurde weiterhin auf das «Dasein für andere» verpflichtet, und der Familienzusammenhang blieb somit erhalten. Die seit den 60er Jahren bedeutsamen Veränderungen in den weiblichen Lebensverläufen führen dazu, dass in Partnerschaften zwei Menschen zusammentreffen, die beide den Möglichkeiten und Zwängen einer «selbst entworfenen Biographie» unterstehen. Durch das stärkere Hervortreten individueller Interessen steigt das Konfliktpotenzial in den Beziehungen, während sich gleichzeitig die Möglichkeiten, familiäre Probleme zu lösen, verringert haben. So sind die Ansprüche von Frauen an ein eigenständiges Leben gewachsen, während die geschlechtsspezifischen Benachteiligungen bei der Verteilung von Hausarbeit und Erwerbsarbeit und bei den Zugangsmöglichkeiten zu guten Arbeitsbedingungen bestehen geblieben sind. Die durch die Emanzipation gestiegenen Erwartungen und Ansprüche der Frauen stimmen häufig nicht mit der erlebten Realität überein, und die Auseinandersetzungen um die Gleichverteilung von Haus- und Erwerbsarbeit sowie Kindererziehung führen immer häufiger dazu, dass Frauen bei enttäuschten Erwartungen die Ehe und Partnerschaft auflösen.

Im Zuge der neuen Partnerschaftsmodelle und Geschlechterrollen findet auch ein Bedeutungswandel von Ehe und Familie statt. Die Eheschließung verliert seit den 60er Jahren an soziokultureller Gültigkeit und Selbstverständlichkeit, und es kommt zu einer Entkoppelung von Sexualität, Ehe, Zusammenleben und Fortpflanzung. Die Formen des Zusammenlebens werden wieder vielfältiger und bunter.

Der Funktionswandel der Ehe und Familie, der sich u. a. im Rückgang der Eheschließungen, im Anstieg von Scheidungen, in der Pluralisierung der Familienformen, im Anstieg unehelicher Geburten zeigt, kann aber nicht mit einem Bedeutungsverlust von Ehe und Familie gleichgesetzt werden, wie vielfach behauptet wird. Im Gegenteil wird unter dem Stichwort Emotionalisierung davon ausgegangen, dass die Partnerschaft und/oder Ehe einen Bedeutungszuwachs erfahren hat. Der vermeintliche Widerspruch zwischen den steigenden Scheidungsraten und der hohen Bedeutungszuschreibung an Partnerschaften kann durch die These aufgehoben werden, dass gerade die Betonung des Gefühlsmomentes diese Beziehungsstrukturen hat sehr fragil werden lassen. Die hohen Trennungs- und Scheidungsraten können daher auch als eine Folge der – zum Teil überhöhten – Erwartungen an die Ehe und Partnerschaft betrachtet werden, da zunehmend ausschließlicher die Ansprüche und Vorstellungen vom Lebensglück an die Partnerschaft und die Kinder gerichtet werden.

Auch der Geburtenrückgang kann nicht als Zeichen der gesunkenen Attraktivität von Kindern gewertet werden: Nach empirischen Untersuchungen werden Kinder heute gerade aufgrund ihrer emotionalen Bedeutung gewünscht, sie stehen für Bereicherung und Selbstverwirklichung der Eltern. So schreibt die Soziologin Elisabeth Beck-Gernsheim sehr treffend:

> Wo die Ziele beliebig und austauschbar werden, der Glaube an ein Jenseits schwindet, die Hoffnungen des Diesseits sich oft als vergänglich erweisen – da eben verheißt ein Kind auch die Möglichkeit, dem eigenen Leben Sinn, Inhalt und Anker zu schaffen.

Kinder sollen immer mehr das Bedürfnis nach Zuverlässigkeit, Sicherheit und uneingeschränkter Zuneigung erfüllen, das in Zeiten der zunehmenden Individualisierung von vielen Menschen gesucht wird.

Denn auch Partnerschaftsbeziehungen wird weitgehend der Grad an Zuverlässigkeit abgesprochen, sie werden als «sequenziell», also aufeinander folgend, verstanden und damit nicht als dauerhaft und bedingungslos erlebt. Im Gegensatz dazu wird die Beziehung zu den Kindern als unaufkündbare Bindung verstanden, die so unauflöslich ist wie sonst keine in dieser Gesellschaft. Kinder werden somit zu den letzten Garanten von Beziehungen auf Dauer, in denen das eigene Leben verankert werden kann.

Elternschaft bedeutet wie gesagt seit der Moderne, Kindern eine bestmögliche Förderung und ideale Startchancen zu bieten. Aufgrund der Errungenschaften in Medizin, Psychologie und Pädagogik erweitern sich im 20. Jahrhundert noch einmal die Anforderungen für die Eltern. Durch die Bedeutungszunahme der Psychoanalyse setzte sich die Vorstellung durch, die Mutter-Kind-Beziehung in den ersten Lebensjahren trage maßgeblich zu den Entwicklungschancen des Kindes bei. Mütter werden dabei immer stärker in die Verantwortung genommen, und die allumfassende Förderung der Kinder ist mit einer gleichzeitigen Berufstätigkeit fast unvereinbar.

Durch die Einführung der Pille als sicheres Empfängnisverhütungsmittel in den 60er Jahren des 20. Jahrhunderts wurde der Anforderungskatalog an die Eltern noch umfassender. Die Pille bot Paaren zwar einerseits eine bisher nicht da gewesene Freiheit, darüber zu entscheiden, ob sie Kinder haben wollen, wie viele und zu welchem Zeitpunkt. Andererseits schuf sie auch eine neue Norm: Familienplanung ist jetzt mit Verantwortungsbewusstsein verbunden. Eltern sind nunmehr angehalten, Kinder nur dann in die Welt zu setzen, wenn sie auch in der Lage sind, diese adäquat psychisch und physisch versorgen und erziehen zu können.

## 2.1 «Vom Glück ausgeschlossen»:
## Der gesellschaftliche Blick auf die Kinderlosen

Die Geburt von Kindern war in der gesellschaftlichen Vorstellung aller europäischen Kulturen der Vergangenheit grundsätzlich mit der Heirat verknüpft. Heiraten hatte in den früheren Jahrhunderten die Zeugung von Nachwuchs zum Ziel, und die Entscheidung zur Kinderlosigkeit innerhalb der Ehe war nicht als Alternative gedacht. Selbstverständlich waren auch die Möglichkeiten der individuellen Steuerbarkeit der eigenen Fruchtbarkeit nicht gegeben. Wer kinderlos bleiben wollte und/oder sollte, blieb bereits von der Ehe ausgeschlossen. Nachhaltigen Einfluss auf die Bewertung von Ehe und Familienbildung sowie auch damit verbunden von Kinderlosigkeit hatte in den vergangenen Jahrhunderten die Religion. Volkskundliche Überlieferungen wie auch schriftliche Zeugnisse aus dem Mittelalter belegen, dass Unverheiratete und damit auch Kinderlose von ihrer Umgebung deutlich diskriminiert wurden. Kinderlosigkeit in der Ehe war also vorwiegend medizinisch bedingt, wurde in der Vergangenheit zu allen Zeiten als etwas Unnatürliches wahrgenommen und war mit einer mehr oder weniger offen ausgesprochenen oder verdeckten Abwertung und Geringschätzung verbunden. Wie stark die gesellschaftliche Ächtung und Sanktionierung von Kinderlosigkeit war, belegen zahlreiche Sagen, Märchen, Volksbräuche und -glaubenssätze. Verbreitet war zum Beispiel die Auffassung, Kinderlosigkeit als einen Fluch zu betrachten, als Folge einer verborgenen Beziehung zum Dämonischen und Unterirdischen – Zwerge zum Beispiel sind kinderlos – oder als göttliche Strafe für die Verbindung zu überirdischen Mächten. Impotenz in der Ehe wurde auf die zauberische Macht einer anderen Frau zurückgeführt. Es gab kaum eine andere «menschliche Unvollkommenheit», die so stark mit abergläubischem Zauber und Magie verknüpft wurde: Zauberriten, Zaubergetränke, Wallfahrten, Kräuter und Badekuren sollten Kinderlosigkeit behandeln.

Insgesamt wird deutlich, dass bei der sozialen Bewertung von Kinderlosigkeit in der Ehe, d. h. der medizinisch bedingten Kinderlosigkeit, stets ein Zusammenhang zwischen Kinderlosigkeit und Schuld hergestellt wurde. Die Strafe fiel auf die Frauen zurück, da ihnen die Ursachen der Kinderlosigkeit einseitig zugeschrieben wurden, sodass sie auch die gesellschaftliche Ächtung in Form von Ausgrenzung oder Verstoßung erfuhren. Diese gesellschaftliche Einschätzung ist auch in der Bibel vorgeprägt: Im Alten Testament wird zum Beispiel Unfruchtbarkeit bei der Begegnung von Abraham und Abimelech (1. Mose 20) und bei den Schwestern Lea und Rachel (1. Mose 29, 31) beschrieben. Hierbei ist die Unfruchtbarkeit eine Strafe Gottes. Ebenfalls im Alten Testament wird die Abwertung der kinderlosen Ehefrauen durch die Aufwertung der Mütter an dem Beispiel von Sara und der Magd Hagar deutlich gemacht: Hagar bekommt anstelle von Sara ein Kind von und für Abraham, und sie missachtet Sara dafür. Die einseitige Schuldzuschreibung der Kinderlosigkeit auf die Frauen war in der europäischen Kultur bis zu diesem Jahrhundert festgelegt; Kinderlosigkeit in der Ehe galt auch in vielen Kulturen als Scheidungsgrund bzw. als Anlass, um eine Frau zu verstoßen. Dies steht im Widerspruch zu Beschreibungen von Fertilitätsstörungen beim Mann, die bereits in der altägyptischen und altindianischen Medizin sowie im Talmud dargestellt sind. Auch medizinische Schriften aus dem 17. Jahrhundert bezeugen, dass in Europa ebenfalls sehr detaillierte Kenntnisse über die Sterilität bei Männern vorlagen.

Die freiwillige, bewusste Entscheidung gegen Kinder war in früheren Jahrhunderten zwar möglich, aber eine Ausnahmeerscheinung. Die Grundstruktur der Gesellschaftsordnungen sah einen «pater familias» vor und eine ihm unterworfene Ehefrau und Mutter für seine Nachkommen. Kinderlosigkeit ging daher auf jeden Fall mit dem Verzicht auf Heirat und zumeist mit der Ausübung religiöser Tätigkeiten einher. Kinderlos waren zum Beispiel die Tempeljungfrauen bei den alten Römern oder Germanen, die Nonnen und Mönche der christlichen Klöster; ferner galten zu bestimmten Zeiten für die Männer einiger Berufsstände öffentliche Heiratsverbote, etwa bei Knechten, Gesellen und Offizieren. Da die Ausübung religiöser Tätigkeiten oder der eigene gesellschaftliche Status häufig fremdbestimmt waren, ist es schwierig, von einer gewollten Kinderlosigkeit zu sprechen. Die Berufung zum Priestertum oblag in vielen Fällen den Vätern oder Staatsherren. So wurden die Vorsteherinnen des Tempels der Göttin Vesta (Vestalinnen) im frühen Alter von den römischen Kaisern einberufen. Nach Ablauf von 30 Jahren hatten sie die Möglichkeit zu entscheiden, ob sie ihr Priesteramt weiterführen oder heiraten wollten. Die Ausübung religiöser Tätigkeiten bot Frauen Vorteile und erlaubte ihnen, Positionen zu erreichen, die außerhalb des üblicherweise für Frauen zugänglichen Bereiches lagen. Während der Zeit der Priestertätigkeit waren Frauen nicht mehr der «patria potestas» (die Vormundschaft des Vaters oder eines eingesetzten Tutors) unterworfen; sie hatten die Möglichkeit, sich der Wissenschaft und Bildung zu widmen und – in einzelnen Fällen – auch politischen Einfluss zu nehmen.

Im späteren Mittelalter war in den europäischen Gesellschaften außerhäusliche Frauenarbeit zum Beispiel als Magd oder Arbeiterin weit verbreitet. Auch aufgrund des strikten Heiratsreglements und des daraus resultierenden späten Heiratsalters stand ein großes Arbeitspotenzial an erwachsenen ledigen Frauen zur Verfügung. Dennoch wurden besonders unverheiratete Frauen diskriminiert. Viele der auch in der heutigen Zeit noch geläufigen Beinamen beziehen sich nicht nur auf den ledigen Status dieser Frauen, sondern unmittelbar auch auf ihre Kinderlosigkeit, etwa die «alte Jungfer». Demgegenüber erschien auch bereits zu vergangenen Zeiten der unverheiratete Mann weniger diskriminiert, wenn auch dem Spott ausgesetzt. Gemeinsam ist den Vorstellungen bis heute, dass ein Leben ohne Kinder und Ehe letztlich sinnlos und unnatürlich sei. Bei der Betrachtung von Veröffentlichungen zu Einstellungen und Bewertungen kinderloser Frauen und Männer von Anfang des 20. Jahrhunderts bis heute wird deutlich, dass sich die Grundbewertungsmuster wenig verändert haben. Anfang des letzten Jahrhunderts betrachtete die Gesellschaft Frauen, die andere Interessen und Wünsche jenseits der Mutterschaft entwickelten, als gefährlich und minderwertig. Sie wurden pathologisiert als Melancholikerinnen und ihre Bestrebungen als Ausdruck für den Verfall der Sitten betrachtet. Kinderlosigkeit wurde als Abweichung von der Norm begriffen und als medizinisches und/oder psychisches Problem aufgefasst. Auch die Vertreterinnen der ersten Frauenbewegung hielten an der «Bestimmung der Frau» als Mutter fest. «Denn unerschütterlich steht eines auch in der neuen Zeit: der Gedanke, dass der höchste Beruf der Mutterberuf ist, insofern er den Beruf der Erzieherin des heranwachsenden Geschlechtes in sich schließt», schreibt Agnes von Zahn-Harnack, eine führende Vertreterin der ersten Frauenbewegung, im Jahre 1928. Helene Lange, Gertrud Bäumer und andere führende Vertreterinnen der ersten bürgerlichen Frauenbewegung versuchten, kinderlosen und unverheirateten Frauen den Weg zur «geistigen Mutterschaft» zu ebnen, d. h. die Möglichkeit für eine Erwerbstätigkeit zu schaffen, in denen die «mütterlichen Eigenschaften» notwendig waren: der Beruf der Lehrerin, der Sozialarbeiterin, der Kindergärtnerin usw. Eine Studie aus dem Jahre 1936 findet, dass kinderlosen Frauen und Männern vorwiegend neurotische Einstellungen zugeschrieben werden: Kinderlose Personen werden als Individualisten wahrgenommen und als Personen, die konsumorientiert, infantil und selbstgenügsam sind sowie neurotische Einstellungen gegenüber dem Leben aufweisen. Wie bereits erwähnt, wurde nach dem Zweiten Weltkrieg in Deutschland wie auch in anderen Ländern der Familie ein großer Stellenwert beigemessen. Die Erfahrungen im Krieg brachten eine starke Aufwertung der Institution der Familie; diese Wertschätzung bedingte wiederum eine Abwertung kinderloser Frauen und Männer. Zudem entstand infolge des Weltkrieges eine ungleiche Geschlechterverteilung, die zusammen mit der Aufwertung der Familie und der Abwertung lediger Frauen zu einem Aufflammen alter Vorurteile gegenüber den «alten Jungfern» führte. Bis in die 80er Jahre wurden gewollt kinderlose Personen in Befragungen als «vom Glück ausgeschlossen» wahrgenommen, im Hinblick auf Kompetenz und positive Eigenschaften insgesamt negativer als Eltern beurteilt und als «selbstbezogene, neurotische oder gesundheitlich schwache Menschen» beschrieben. Ferner wurden sie für selbstsüchtig, wenig religiös, wenig glücklich, wenig sensitiv, unreif, wenig fürsorglich und emotional angepasst gehalten, als materialistisch, ehrgeizig und nach Selbstverwirklichung strebend beschrieben und als weniger weiblich oder männlich, unzufriedener mit der Partnerschaft und weniger glücklich und zufrieden für die Zeit nach dem 65. Lebensjahr eingeschätzt. Weiterhin wurden sie als Personen dargestellt, die mit größerer Wahrscheinlichkeit psychische Probleme haben.

Bis heute wird in Studien eine Stigmatisierung und Sanktionierung ungewollter sowie gewollter Kinderlosigkeit festgestellt. Vereinzelt setzt sich aber auch die Meinung durch, gewollte Kinderlosigkeit nicht mehr als Lebensstil zu diskreditieren, sondern als eine gleichberechtigte Lebensform anzusehen.

# 3. Paare zwischen Ansprüchen und Lebensrealität

## 3.1 Partnerschaften heute: Die Suche nach der großen Liebe

In den europäischen Ländern sind die traditionellen Regeln des Ehelebens zum Großteil verschwunden, und die Zwänge vergangener Gesellschaftsformen haben keine Geltung mehr. Die selbstbestimmte, auf persönlichen Gefühlen basierende Partnerwahl hatte keine Tradition, auch wenn nicht grundsätzlich die Ehen von den Eltern arrangiert waren. Dennoch standen bei Eheverbindungen ökonomische Interessen im Vordergrund: Es ging um eine Familiengründung, eine Regelung der Aufgabenverteilung und die Sicherung der Ernährung der Familie. Im Konfliktfall hatte «die Liebe» das Nachsehen. Diese «alte Ordnung» hatte aber auch Vorteile: Sie garantierte ein hohes Maß an Sicherheit. Die Ehebeziehungen wurden durch gemeinsame existenzielle Interessen und konkrete Anforderungen zusammengehalten.

Mit dem Verschwinden dieser traditionellen Regeln entstand eine neue Form der Paarbeziehungen: Sie gründet sich auf die Liebe. Was darunter zu verstehen ist, hat sich im Laufe der letzten Jahrhunderte und auch in den letzten Jahrzehnten immer wieder geändert. Der Begriff der Liebe ist nach wie vor vage und unbestimmt und wird von Mensch zu Mensch anders verstanden. Es existieren heute mehrere Auffassungen von Liebe und Beziehung häufig gleichzeitig und nebeneinander. Es gibt traditionelle und moderne Vorstellungen, wie Partnerschaften oder Ehen zu gestalten sind. Damit bestehen zum Teil auch komplett unterschiedliche Wünsche, Erwartungen und Regeln hinsichtlich der Auffassung, wie diese Partnerschaften gelebt und erlebt werden wollen. Das bietet Potenzial für zahlreiche Konflikte. Eine lebendige Liebesbeziehung bedarf deswegen eines ständigen Dialogs, da häufig ein Vermittlungsprozess zwischen dem Paar erforderlich ist, um zu harmonierenden Vorstellungen von Liebe, Beziehung und Partnerschaft zu gelangen.

Dieser Dialog benötigt Zeit und Nerven und nennt sich im modernen Jargon «Beziehungsarbeit». Will man heutzutage ein guter Partner oder eine gute Partnerin sein, bedeutet dies, dass man zahlreiche Anstrengungen auf sich nimmt. Mit Aufmerksamkeit gilt es, die Konflikte frühzeitig zu erkennen und zu benennen, wenn man nicht irgendwann in der Sprach- und Beziehungslosigkeit enden will. Im besten Fall versucht man, seine Positionen nachzuvollziehen und sich mit den Erwartungen und Wünschen, die an einen selber gestellt werden, auseinander zu setzen. Natürlich lassen sich Konflikte nicht ständig vermeiden, das wäre auch nicht erstrebenswert. Um in der Liebe beweglich zu bleiben, braucht man viel Zeit zum Reden. Das ist gar nicht so einfach, besonders wenn beide Partner arbeiten und wenig Raum für das Privatleben bleibt.

Der Bedarf nach Ratgebern und Beratungen für Paare ist in den letzten Jahren gestiegen. Gefragt wird nach «Kochrezepten», wie die schwierige Angelegenheit der Liebe am besten zu bewerkstelligen sei. Einige empfehlen, durch Kommunikation Missverständnisse, Enttäuschungen und unerfüllte Erwartungen zu beheben. Andere meinen, dass die Konzentration auf Gemeinsamkeiten Entfremdungsprozessen entgegenwirken und somit zu vermehrter Zufriedenheit beitragen könnte. Wieder andere raten, möglichst viele Aspekte des täglichen Lebens in einem Ehevertrag zu regeln. Also weniger das Gespräch, sondern rechtliche Regeln sollen das Zusammenleben gestalten.

### Woran scheitern Partnerschaften?

Die Werbung schickt flimmernde Bilder idyllischen Familienlebens um die Welt, Liebesschnulzen sind die Kinorenner, und die Seifenopern des Vorabendprogramms bestätigen, dass am Ende die Liebe siegt. Das entspricht ganz den Wünschen unserer Zeit, und in Umfragen zeigt sich, dass Ehe und Partnerschaft als die Lebensbereiche betrachtet werden, in denen Menschen Geborgenheit und Nähe finden. Die Realität sieht da häufig anders aus: Die Zahl der Singlehaushalte steigt, jede dritte Ehe

wird geschieden, die Ehe- und Erziehungsberatungsstellen sind über-
füllt, der Geschlechterkampf tobt, und bei den Familienrichtern ist Me-
diation die Methode der Wahl, um den Schaden und die Traumata am
Ende des Familienglücks zu begrenzen.

Ein geflügeltes Wort und mittlerweile ein mehr oder weniger geläufiger
Bestandteil von modernen Partnerschaften ist die so genannte Beziehungsarbeit. Gemeint ist damit das «Miteinander-Sprechen» und Dafür-
Sorge-Tragen, dass eine Beziehung lebendig bleibt. Rational ist es vielen
von uns klar: An Beziehungen muss man arbeiten. Aber: Ertappen wir
uns nicht immer wieder dabei, zu denken, dass uns der Partner oder die
Partnerin eigentlich doch unsere Wünsche von den Augen ablesen
müsste, wissen müsste, wie sehr wir uns nach einem anstrengenden Tag
wünschen, in den Arm genommen zu werden, den Einkauf abgenommen zu bekommen, oder wie schwer es uns fällt, unsere Bedürfnisse zu
äußern?

Emotional stehen wir also anderswo: Nichts wünschen sich viele von
uns mehr als eine harmonische Liebesbeziehung, in der Frauen und
Männer sich auch ohne Worte verstehen. Trotz gegenteiliger Erfahrungen oder gerade deswegen steht diese Form der Kommunikation bei vielen Menschen immer noch für die ganz große Liebe.

Zudem: Diese so genannte Beziehungsarbeit ist höllisch anstrengend. Sie setzt voraus, dass wir erst mal wahrnehmen, fühlen und spüren, was wir uns wünschen, was wir erwarten und was für Bedürfnisse
wir haben. Und dann müssen wir diese auch noch äußern, und zwar so,
dass sie sozial kompetent bei unseren Partner/-innen ankommen. Und
das alles nach einem anstrengenden Arbeitstag, wenn wir müde und er-
schöpft sind?

Zusammengenommen spricht eigentlich ziemlich viel gegen dieses
dauernde Bemühen um die Beziehung: Es erfordert einiges an Selbst-
kritik und Auseinandersetzungsbereitschaft, was zumeist überhaupt
nicht unseren unmittelbaren Bedürfnissen entspricht und zudem nicht
viel mit den von uns gehegten sehr romantischen Vorstellungen von einer Liebesbeziehung gemein hat.

Dennoch: Menschen entwickeln durch ihre sehr eigenen Sozialisationsbedingungen und Erfahrungen nun einmal unterschiedliche Bedürfnisse und Wünsche bezüglich Liebesbeziehungen, nicht zuletzt gibt es geschlechtsspezifische Erwartungen und Vorstellungen. Das betrifft die Wünsche hinsichtlich Sexualität und Zärtlichkeit genauso wie Vorstellungen über die Haushaltsführung, Arbeitsteilung und das alltägliche Gesprächsverhalten. Unterhält sich ein Paar nicht über Erwartungen, Bedürfnisse und Wünsche, sind Missverständnisse und Enttäuschungen häufig vorprogrammiert.

Klischees kommen nicht von ungefähr, sie sind letztlich Ausdruck der gelebten Realität, und so scheinen Männer eher die instrumentelle Seite der Liebe zu betonen, ihnen kommt es darauf an, dass «der Alltag funktioniert». Frauen dagegen legen mehr Wert auf Emotionen, den Austausch und das Gefühl von Nähe und Zusammengehörigkeit.

Welche Frau kennt das nicht? Sie fasst sich – nach etlichen Gesprächen mit ihren Freundinnen – endlich ein Herz und getraut sich, ihrem Liebsten ihre Wünsche zu unterbreiten: Ob sie nicht mal wieder mehr miteinander reden könnten, weil sie das Gefühl habe, dass sie gar nichts mehr voneinander mitbekommen. Und was passiert meistens? Sie hat den Satz noch nicht beendet, da fällt er ihr ins Wort und sagt im Hinausgehen: «Wieso? Wir reden doch sowieso schon die ganze Zeit, die wir uns sehen.» Und wenn sie ihm dann wiederum, mittlerweile gereizt: «Aber ich meine doch über uns!» entgegnet und er sie anschaut, als käme sie von einem anderen Stern, ist der Abend schon gelaufen und der Streit vorprogrammiert.

Dass Männer und Frauen unterschiedliche Erwartungen haben, ist nichts wirklich Neues. Neu ist, dass sich der Umgang mit den unerfüllten Erwartungen verändert hat, seitdem Frauen sich als gleichberechtigte Partner in der Beziehung mit eigenen Bedürfnissen und Wünschen verstehen. Frauen nehmen nicht länger schweigend die Nichtbeachtung ihrer persönlichen Gefühle hin. In der Vergangenheit lastete die Lösung für diese fehlende Übereinstimmung zwischen den Partnern häufig auf den Schultern der Frauen, die durch Anpassung und Zurücknahme ihrer eigenen Bedürfnisse etwaige Konflikte gar nicht erst zustande kommen ließen oder versuchten, diese zu harmonisieren. Das hat sich geändert. Wenn Frauen heutzutage zu sehr in einer Partnerschaft zurückstecken müssen und weniger bekommen, als sie sich wünschen, dann verharren sie nicht mehr so lange in der Situation und gehen mit einer höheren Wahrscheinlichkeit aus der Beziehung als noch die Frauen vorheriger Generationen. Das heißt, in den letzten Jahrzehnten haben Frauen verstärkt eigene Anliegen formuliert und erfahren, dass ihre Forderungen berechtigt sind und es sich um sie zu kämpfen lohnt. Auch die zunehmende emotionale und finanzielle Unabhängigkeit von Frauen hat dazu geführt, dass sie bei gehäuften Enttäuschungen die Beziehung hinter sich gelassen und nicht länger die Situation aufrechterhalten haben.

Was macht Liebesbeziehungen darüber hinaus so schwierig?
Auch die Geschichte eines jeden Paares trägt dazu bei, dass sich das, was zunächst als Liebe empfunden wird, mit der Zeit verändert. Das wird deswegen als problematisch empfunden, weil nach wie vor das Bild der romantischen Liebe und des ewigen Verliebtseins in unseren Köpfen herrscht. Der Anfang fast jeder Beziehung ist durch «große», überschwängliche Gefühle charakterisiert: Es ist aufregend und prickelnd. Man fühlt sich von dem anderen Menschen stark angezogen – eine Attraktion, die auch von der Faszination des Unbekannten herrührt. Mit den Monaten und Jahren lernt man sich und den anderen dann doch allmählich kennen. Vertrautheit und Zuverlässigkeit werden zwar als angenehm empfunden, dafür spielen sich Gewohnheiten ein, und die Verliebtheit lässt sich nur in seltenen Fällen bis in die Ewigkeit beibehalten. Auch das kann Enttäuschungen hervorrufen.

Beziehungen sind auch deshalb schwieriger geworden, weil die Erwartungen und Wünsche, die an die Partnerschaft adressiert werden, deutlich gewachsen sind. Viele Frauen und Männer stellen sich vor, der Partner könne alle Wünsche erfüllen. So reichen die Checklisten bis ins Unendliche, und das pragmatische «Sich-Zusammenraufen» wird als das Modell der Eltern verstanden und als «desillusionierend» abgelehnt. Der Wunsch nach einer emotionalen und intensiven Bindung ist stärker als früher vorhanden und soll – dem Anspruch nach – ausschließlich in

Liebesbeziehungen erfüllt werden. In Umfragen werden von Frauen Wünsche genannt wie «Ich sollte alles mit ihm besprechen können» und «Ich sollte mit ihm zusammen alles erleben und immer Spaß haben können». Kein Partner kann alles leisten – wenn man diese Erwartungen hat, wird man vermutlich früher oder später in der Beziehung scheitern.

### Kinder verändern die Partnerschaft

Beziehungen sind anfangs erst einmal nur auf eine Partnerschaft hin angelegt. Viele Paare lassen sich mittlerweile auch Zeit, um die Zweisamkeit und das Zusammenleben auszuprobieren und zu genießen, bevor sie sich überlegen, Kinder zu bekommen. Sie testen die Qualität der Partnerschaft auf ihre Belastbarkeit und Tauglichkeit. Das hat große Vorteile, da die Unmöglichkeit des Zusammenlebens sich nicht erst dann zeigt, wenn womöglich schon Kinder da sind.

Dennoch bedeutet die Geburt des ersten Kindes vielfach einen großen Einschnitt im Leben des Paares. Verlief der Lebensweg von Mann und Frau ohne Kind weitgehend im Gleichschritt, verändert sich das Leben der Frau nun sehr deutlich – zumindest in vielen Fällen. Da bei den meisten deutschen Paaren die Männer in ihren Berufen mehr als die Frauen verdienen und Versorgungs- und Betreuungsangebote für Kinder unter 3 Jahren in Deutschland kaum vorhanden sind, greifen viele deutsche Paare auf das klassische Modell der geschlechtsspezifischen Arbeitsteilung zurück: Der Mann geht weiter seinem Beruf nach, führt nach wie vor sein «normales» Leben, und die Frau bleibt zu Hause. Dieses Modell kann für beide Seiten unbefriedigend werden. Warum?

Viele Frauen müssen nach der Geburt des Kindes die Umstellung auf den neuen Alltag alleine bewältigen. Der Mann ist plötzlich nicht mehr so präsent wie noch vor der Geburt, beteiligt sich vielleicht nur noch mäßig oder gar nicht mehr an der Hausarbeit und der Versorgung des Kindes – schließlich ist die Frau ja den ganzen Tag zu Hause! Während sie rund um die Uhr für das Kind zuständig ist, arbeitet er von morgens bis abends und macht auch noch Überstunden.

Die Situation ist für beide Elternteile neu, und beide brauchen Zeit und gegenseitige Unterstützung, um sich darin zurechtzufinden. Die junge Mutter benötigt in der Zeit nach der Geburt ihren Partner als Unterstützung in der Kinderversorgung, die als Ganztagstätigkeit ohne Entlastungsmöglichkeiten anstrengend und nervtötend sein kann. Ihr Körper macht Veränderungen durch, stellt sich von der Schwangerschaft auf den «Normalzustand» um, und sie muss sich erst in die neue Rolle der Mutter und die damit verbundenen Aufgaben einfinden. Der Alltag hat sich für sie total gewandelt: Er wird maßgeblich von den Bedürfnissen des Kindes diktiert, d. h. auch, dass sie sich selbst stark zurücknehmen muss. Vielleicht fehlen ihr die Erfolgserlebnisse im Beruf, die Gespräche mit anderen Erwachsenen sowie die gewohnten Freizeitaktivitäten und Zeit für sich selbst. Der Mann dagegen fühlt sich von einem Tag auf den anderen allein für das materielle Wohlergehen von drei Personen zuständig, er ist einem starken finanziellen Druck ausgesetzt und durch diese Verantwortung häufig überlastet. Es fehlen zudem Vorbilder an sorgenden Vätern: In der vorherigen Generation war an kinderwickelnde Männer nicht zu denken. Vielleicht fühlt sich der frisch gebackene Vater dem Kind gegenüber auch unsicher, da er viel weniger Zeit mit ihm verbringt und die wachsame Mutter womöglich auch noch jeden seiner Handgriffe kommentiert. Das kann natürlich zur Folge haben, dass er solche Situationen zunehmend vermeiden wird.

Bei dieser Art der Arbeitsteilung kann bei beiden Partnern schnell der Eindruck entstehen, dass sie sich in verschiedenen Welten bewegen. Sie erleben andere Anforderungen, Anstrengungen und Konflikte, andere Formen der Anerkennung und Zufriedenheit und machen komplett unterschiedliche Erfahrungen. Durch ein Kind verändert sich die Beziehungskonstellation, und die Intensität der Gemeinsamkeit, die das Leben zu zweit bestimmt hat, wird geringer. Häufig entsteht bei beiden das Gefühl, nicht mehr verstanden zu werden. «Wieso bist DU angestrengt? DU warst doch die ganze Zeit zu Hause.» «DU hast es ja gut, DU entfliehst dem ganzen Chaos hier zu Hause und kannst dich im Beruf verwirklichen. Dein Leben möchte ich haben.» In dieser Situation können Konflikte entstehen, die aus Entfremdungsgefühlen, Überlastung, Vermissen von partnerschaftlicher Intimität und dem Gefühl, keine Zeit mehr für sich und für den anderen zu haben, und vielem mehr resultieren können. Diese Paare sind mit dem Problem konfrontiert, wie sie die unterschiedlichen Welten einander wieder vermitteln und miteinander teilen können.

Der Nährboden für solche Entwicklungen ist für Paare in Deutschland aufgrund der schlechten Betreuungsmöglichkeit für Kinder leider besonders verbreitet. Unter der Familienministerin Hannelore Rönsch wurde zwar ein Rechtsanspruch für 3- bis 6-jährige Kinder auf einen Kindergartenplatz festgeschrieben, der für diese Gruppe die Situation entschärft hat. Dennoch gibt es für Kleinkinder immer noch sehr geringe Möglichkeiten der Betreuung, die zudem natürlich auch eine zusätzliche finanzielle Belastung darstellen. Dazu kommt, dass viele Kindergärten keine Ganztagseinrichtungen sind und somit selbst eine Teilzeitbeschäftigung der Mütter nicht infrage kommt. Hier kommen aber auch die Einstellungen deutscher Mütter und Väter zum Tragen. Als Rabenmutter gilt, wer dem Kind das Mittagessen aus der Großküche zumutet und es vor dem dritten Lebensjahr in Kinderkrippe oder Hort gibt. In Deutschland liegt die Nachfrage nach Ganztagskindergärten und Betreuungsangeboten für Kinder bis 3 Jahre unter 3 %. Frankreich und andere westeuropäische Länder halten für ca. 30 % der Kinder entsprechende Angebote bereit. Daher ist in Deutschland nur jede zweite Frau mit einem Kind unter 6 Jahren erwerbstätig. Je jünger die Kinder sind, desto geringer die Möglichkeiten für Mütter, zu arbeiten. Auch später wird es nicht unbedingt besser. Für die 5- bis 10-Jährigen liegt das Angebot an Ganztagsschulen bei 5 % in Westdeutschland, in Ostdeutschland sind es 50 %.

Umfragen zeigen, dass 70 bis 80 % der Frauen der jüngeren Generation in Deutschland beides wollen: Beruf und Familie. Was passiert nun, wenn beide Elternteile arbeiten? Es entstehen andere Probleme und Belastungen. Die meisten Berufe nehmen kaum Rücksicht auf private Anforderungen: Sie setzen stillschweigend voraus, dass die Berufstätigen Hilfeleistungen, Zuarbeiten für den Haushalt und die Versorgung der Kinder von anderen Personen in Anspruch nehmen können. Das heißt:

Es fehlt eine Person, die die Hintergrundarbeiten verrichtet, die in einem ganz normalen Haushalt anfallen. Das bedeutet, meistens geht nach dem anstrengenden Berufsalltag der Kampf um die Arbeitsorganisation los: Wer versorgt die Kinder, geht einkaufen, kocht und macht den Abwasch? Zumal wenn das Paar nicht ausreichend verdient, um Aupairs, Tagesmütter oder eine Reinigungskraft zu beschäftigen.

Dann ist wiederum Beziehungsarbeit gefragt: Es geht darum, sich auszutauschen und Kompromisse zu schließen. Aber das Aushandeln der Verantwortungs- und Tätigkeitsbereiche ist ein Prozess, der viel tiefer geht als eine Betriebsumstellung. Denn er betrifft nicht nur die Tätigkeit selbst, sondern die Vorstellungen vom eigenen Leben mit Familie, von der eigenen Partnerschaft und der eigenen Person.

Und wie enden in vielen Fällen diese Auseinandersetzungen? Die Belastungen werden meistens nicht gleich verteilt. Den Hauptteil der familiären Lasten tragen die Frauen: Sie müssen mit der doppelten und dreifachen Beanspruchung klarkommen, im Beruf Abstriche machen und zugunsten der Kinder und des Haushaltes auf Freizeit und Erholung verzichten. Immer mehr Frauen lehnen diese Art der Arbeitsteilung ab und zugleich auch den Partner, der nicht bereit ist, an dieser Lebensorganisation etwas zu verändern. «Was brauche ich noch einen Mann, wenn ich praktisch allein erziehend bin? Es bringt mir nur zusätzliche dreckige Wäsche, hochgeklappte Klodeckel, ausgetrocknete Zahnpasta und ständige Diskussionen um Erziehungsfragen ein.» Es sind daher vor allem die Frauen, deren Lebenswünsche nicht mit der erlebten Realität übereinstimmen, deren Interessen auf die Veränderung des Status quo abzielen und die dann am Ende zumeist auch Trennungsgedanken entwickeln.

Die zu verrichtende «Hintergrundarbeit» beläuft sich zudem nicht nur auf die Organisation und das Management des Haushaltes. Die traditionell von Frauen verrichtete «Gefühlsarbeit» will auch bewältigt werden. Nun sind die Frauen auch berufstätig und bedürfen genauso der inneren Stärkung und Unterstützung wie Männer. Daraus resultieren viel Spannungen und Irritationen in der Paarbeziehung: ewige Klagen über zu wenig Verständnis und Fürsorge seitens des Partners, weil beide Seiten die Empathie des anderen verlangen.

Mit der gegenwärtigen hohen Arbeitslosigkeit kommt darüber hinaus noch hinzu, dass die geographische Mobilität häufig eine Voraussetzung für einen Arbeitsplatz oder für den beruflichen Aufstieg ist. Immer häufiger tritt die Situation ein, dass eine Stadt nicht für beide Partner einen Job bietet. Die Arbeitsstelle in der einen Stadt kann für den einen Partner ein wichtiges Sprungbrett für einen Berufseinstieg oder -aufstieg sein, für den anderen hingegen können damit berufliche Einbußen oder sogar Arbeitslosigkeit verbunden sein.

Was ist die Alternative? Wochenendbeziehungen und Pendeln! Das bedeutet wiederum Absprachen, Geld- und Zeitaufwand und schränkt das Privatleben ein, beinhaltet also wieder kräftigen Zündstoff für Konflikte! Weniger Zeit für sich, für Freunde und Freundinnen, eine Beziehung unter der Käseglocke und zudem weniger Pausen und Erholungszeiten führen zu Erschöpfung und damit zu geringer Belastbarkeit, die die Wahrscheinlichkeit für Auseinandersetzung erhöht. Und da soll man noch Kinder bekommen?

### Das neue Selbstverständnis der Frau

Durch die Emanzipation haben sich die Formen der beiden traditionellen Geschlechterrollen erweitert. Damit sind auch die Erwartungen und Wünsche an das Leben gewachsen. Frauen haben im Laufe des letzten Jahrhunderts andere Lebensperspektiven gewonnen. Sie wollen heute ein eigenständiges Leben führen, erwerbstätig sein und haben Ansprüche angemeldet, ebenbürtige berufliche und öffentliche Positionen bekleiden zu wollen. Die Chancen auf die Durchsetzung dieser Erwartungen und Ansprüche haben sich zwar relativ gesehen gegenüber vergangenen Jahrzehnten verbessert, dennoch lassen die generellen Bedingungen immer noch zu wünschen übrig.

In der Shell-Studie und dem Jugend-Survey des Deutschen Jugendinstitutes steht gleichberechtigt neben dem Wunsch nach Partnerschaft und Familie sowohl bei Jungen als auch bei Mädchen der Wunsch nach einem befriedigenden Beruf, in dem beide Geschlechter auch Erfolg haben wollen. Nach den neuen Statistiken liegt der Anteil der Gymnasialabsolventinnen bei 55 % und der der Studienanfängerinnen bei 52 %. Von Studierenden sind 46 % Studienabsolventinnen. Das heißt, gleich viele Frauen und Männer haben hohe Berufsausbildungsabschlüsse, und diese Frauengeneration möchte die erworbene Bildung und Ausbildung auch nutzen. Dennoch beträgt die Quote erwerbstätiger Frauen in Deutschland im Jahre 2000 nur 64 % (Statistisches Bundesamt). Damit liegt Deutschland im europäischen Vergleich auf dem viertletzten Platz. In den skandinavischen Ländern, in Frankreich und den Benelux-Ländern liegt diese Quote bei 70–80 %.

Es existieren auch immer noch geschlechtsspezifische Benachteiligungen hinsichtlich der Arbeitspositionen und Arbeitsbedingungen. Frauen sind zwar häufiger als früher in Führungspositionen vertreten, lange aber noch nicht im gleichen Umfang wie Männer. Zudem verdienen vollzeitbeschäftigte Frauen weniger als Männer, nämlich lediglich ca. 75 % der Summe, die Männer bekommen (Statistisches Bundesamt, Ergebnisse aus dem Jahre 2000).

Die Emanzipation hat es mit sich gebracht, dass die Rollenerwartungen sich sowohl für Frauen als auch für Männer verändert und erweitert haben. Diese Veränderung der Frauenrolle hat jedoch nicht unbedingt zu mehr, sondern zu weniger Symmetrie geführt, weil die Männer das neue Selbstverständnis der Frauen zwar akzeptieren, die Erweiterung ihrer männlichen Rolle aber eher skeptisch sehen bzw. ihr lediglich verbal aufgeschlossen gegenüberstehen. Gegenüber der alten Aufgabenverteilung – der Mann berufstätig, die Frau verantwortlich für Haushalt und Familie – ist lediglich die Berufstätigkeit der Frau hinzugekommen.

Es ist zwar selbstverständlich geworden, dass Frauen eine Ausbildung machen und arbeiten. Die heutige Generation junger Männer akzeptiert gemeinhin, dass sie zu den Familien- und Hausarbeiten etwas beitragen müssen. Zwei Drittel der Männer der jetzigen Generation halten es dementsprechend für selbstverständlich, dass sie ebenfalls für die Erziehung der Kinder und für die Hausarbeit zuständig sind bzw. dass die anstehenden Aufgaben gemeinschaftlich erledigt werden. Die Umsetzung steht allerdings auf einem ganz anderen Blatt. Nur die Hälfte der Männer leistet im Haushalt nämlich konkrete Hilfe. Nach einer Studie erledigen Frauen 82 % aller Hausarbeiten. Eine andere Studie aus Wien zeigt, dass österreichische Männer im Durchschnitt 6 Stunden pro Woche Haus- und Familienarbeit leisten, Frauen dagegen 16 Stunden. Diese Zahlen sind auf Deutschland übertragbar. Im Durchschnitt beschäftigt sich ein berufstätiger Vater eine Stunde und 12 Minuten pro Tag mit seinen kleinen Kindern. Dagegen kümmern sich berufstätige Mütter durchschnittlich drei Stunden täglich um ihren Nachwuchs. Insgesamt werden die Erziehungsaufgaben zu 64 % von den Frauen erledigt, Väter engagieren sich mehr und intensiver als früher, aber vornehmlich als zeitlich begrenztes «Freizeitvergnügen». Dafür verbringen Männer meistens mehr Zeit im Beruf, durchschnittlich nämlich 42 Stunden gegenüber 32 Stunden bei Frauen. Männer und Frauen arbeiten demnach 48 Stunden. Der Mann bekommt jedoch 87 % seiner Arbeitszeit bezahlt, die Frau nur 66 %.

Frauen haben insgesamt einiges erreicht: Ihr Anspruch, sich außerhalb der Familie betätigen zu wollen, ist anerkannt worden, genauso ihre Forderung, dass Männer tatsächlich mal zu Hause «mit anpacken». Unangetastet bleibt aber weiterhin für die Männerrolle die hohe Priorität der Berufstätigkeit, dieses Selbstverständnis bleibt nach wie vor ungebrochen. Frauen dürfen zwar arbeiten und ein Zubrot verdienen, es ist aber selbstverständlich, dass die Männer den finanziellen Löwenanteil in Familie oder Partnerschaft einbringen.

Zusammenfassend lässt sich sagen, dass sich das Machtgefälle zwischen Frauen und Männern in der Partnerschaft verringert hat. Auch sind die Ressourcen gleicher verteilt als noch in den letzten Jahrzehnten, und die Chancen der Frau für eine außerfamiliäre Selbstverwirklichung sind gestiegen. Die Flexibilität in der Familien- und Erziehungstätigkeit hat zugenommen. Die Männer bringen sich mehr in die gemeinsame Haushaltsführung ein, auch wenn von einem Sharing noch nicht wirklich die Rede sein kann.

Dennoch klaffen im Alltag zwischen den Vorstellungen und der Wirklichkeit im Sinne praktizierten Verhaltens immer noch Lücken, was natürlich zu Konflikten und Anspannungen führt – sowohl im Beruf als auch in der Partnerschaft – das Gefühl der Benachteiligung bei Frauen besteht nach wie vor. Diese Auseinandersetzungen um die Gleichverteilung von Haus- und Erwerbsarbeit sowie Kindererziehung gab es in früheren Generationen nicht, weil es für die Großväter und Väter unvorstellbar war, ihre Kinder zu wickeln oder zu füttern, die Fenster zu putzen oder das Essen vorzubereiten. Frauen sind heute aber weniger bereit, sich anzupassen, und es besteht auch weniger Notwendigkeit für sie, dies zu tun. Fehlende Ausgleichsbereitschaft auf beiden Seiten führt dann zu Enttäuschungen und häufig auch zu Trennungen.

## 3.2 Elternschaft im 21. Jahrhundert: Überforderung, hohe Ansprüche und emotionale Verstrickung statt «glückliche Familie»?

Wie im vorherigen Kapitel dargestellt, gab es Kindererziehung nach unserem heutigen Verständnis jahrhundertelang gar nicht. Emotionale Zuwendung und eine kindgerechte Behandlung spielten lange keine Rolle. Die Erziehung beschränkte sich darauf, dass die Kinder lernten, zu arbeiten, zu gehorchen und Gott zu fürchten. Auch die Versorgung von Kindern wurde sehr minimalistisch betrieben: Sie bekamen Nahrung und Kleidung. Mit der «Entdeckung des Kindes» (Aries) als Individuum und Subjekt mit eigenen Rechten mehrten sich die Pflichten und Anforderungen der Eltern. Sie erhielten seit der Mitte des 19. Jahrhunderts in zunehmendem Maße die Aufgabe, ihren Kindern bestmögliche Startchancen zu geben. Ausgehend vom Bürgertum setzte sich diese Auffassung zunehmend in allen Bevölkerungsschichten durch.

Wie bereits dargelegt, vollzog sich dieser gesellschaftliche Wandel auf mehreren Ebenen. Der Übergang von der traditionellen ständischen zur industrialisierten Gesellschaft förderte einerseits das Interesse an der Erziehung, da sich die soziale Stellung innerhalb der Gesellschaft nicht mehr lediglich qua Herkunft, sondern nach Fähigkeiten und Kenntnissen bestimmte. Aber auch die Fortschritte der Medizin trugen dazu bei, dass Säuglingssterblichkeit und Behinderungen nicht mehr als schicksalhaft ertragen und Kinder insgesamt in zunehmendem Maße als «formbare» Größe verstanden werden. Eltern wurden Regeln für die körperliche Unversehrtheit der Kinder an die Hand gegeben, um günstige Bedingungen für die physische Entwicklung von Kindern zu schaffen. Die Soziologin Elisabeth Beck-Gernsheim beschreibt es folgendermaßen:

> *Das Kind darf immer weniger hingenommen werden, so wie es ist, mit seinen körperlichen und geistigen Eigenheiten, vielleicht auch Mängeln.*

*Es wird vielmehr Zielpunkt vielfältiger Bemühungen. Möglichst alle Mängel sollen korrigiert werden (nur kein Schielen, Stottern, Bettnässen), möglichst alle Anlagen sollen gestärkt werden (Konjunktur für Klavierstunden, Tennis im Sommer und Skikurs im Winter).*

Durch die Verfügbarkeit der Pille, die Möglichkeiten der Reproduktionsmedizin und der Pränataldiagnostik hat sich der Verantwortungsbereich der Eltern nochmals ausgeweitet: Schon vor der Geburt, sogar vor der Zeugung sollen die Eltern Verantwortung übernehmen und die «Startchancen des Kindes optimieren». (Beck-Gernsheim)

Die Verfahren zur Pränataldiagnostik werden mittlerweile routinemäßig eingesetzt. Als «verantwortungslos» gilt, wer sich den Untersuchungen nicht unterzieht. Die neuen Möglichkeiten der Pränataldiagnostik und das neue Verständnis der Verantwortung bringen es mit sich, dass Behinderungen bei Kindern als Schuld interpretiert werden. Eine freie Entscheidung, von Medizinern und politischen Kommissionen stets als wichtig herausgestellt, ist hiermit nicht mehr gegeben. Es kommt, wie die Soziologin Elisabeth Beck-Gernsheim beschreibt, zu einer «Sogwirkung der Technik»: Es besteht ein immer stärkerer Druck, alle diagnostischen Möglichkeiten auszuschöpfen. Gleichzeitig werden die Betroffenen bei der routinierten Abwicklung der Diagnostik von den Ärzten/ Ärztinnen in keiner Weise darauf vorbereitet, dass eine diagnostische Untersuchung auch immer bedeutet, dass es ein Ergebnis gibt, mit dem man sich auseinander setzen muss, und dass daraus Dilemmata, Entscheidungskonflikte und -zwänge folgen können.

Eine grundsätzliche Debatte über diese Verfahren wird schon lange nicht mehr geführt, obwohl diese Methoden grundsätzliche ethische Fragen aufwerfen. Die pränatale genetische Diagnostik verfolgt im Wesentlichen das Ziel, dass nur gesunde Kinder geboren werden, und entspricht damit dem gesellschaftlichen Trend, nach dem behinderte Kinder als unerwünscht betrachtet werden und vermieden werden sollen. Diese Ziele passen nicht zu unserer geläufigen Vorstellung von Elternliebe und erwecken Erinnerungen an die Eugenik.

In den USA hat sich diese Entwicklung noch weiter fortgesetzt: Durch die neuesten Errungenschaften der Reproduktionsmedizin können sich

Paare mit Kinderwunsch nach den als relevant geltenden Kategorien (Aussehen, Intelligenz, Gesundheit, Sportlichkeit) Samenspender, Eispenderinnen oder Leihmütter aus dem Katalog aussuchen.

Ist es nun so, dass Eltern sich immer mehr das gewünschte Kind wie ein Produkt bestellen, oder ist das Verhalten dieser Menschen nicht eher so zu interpretieren, dass sie versuchen, die Anforderung, dem Kind bestmögliche Startchancen zu bieten, zu erfüllen? Und wenn ich nun schon mal wähle, warum soll ich dann nicht das «Beste» aussuchen?

Insgesamt ist die Beziehung zwischen Kindern und Eltern im 21. Jahrhundert zu einem komplexen Unterfangen geworden. Die Kindererziehung stellt heute Eltern vor immens hohe Anforderungen. Die Fortschritte der hochindustriellen Gesellschaft haben zwar einerseits die Versorgung eines Kindes erleichtert: Wegwerfwindeln statt Stoffwindeln, und auch Flicken, Stopfen und Einwecken sind aus der Mode gekommen. Andererseits führen die «Normen der verantworteten Elternschaft» (Kaufmann) dazu, dass Eltern durch die Zunahme der Dauer und der Intensität der Pflege- und Versorgungsleistungen überfordert sind und durch die wachsenden und zum Teil widersprüchlichen Anforderungen der Kindererziehung verunsichert sind. Vor allem Mütter sind für eine umfassende Förderung ihrer Kinder verantwortlich: Sie sollen Fachfrauen der Entwicklungspsychologie und der Pädagogik sein, ihre Kinder in ihrem Selbstbewusstsein und ihren Unabhängigkeitsbestrebungen bestärken, gleichzeitig aber ihre Bedürftigkeit nicht aus den Augen verlieren und insgesamt ihre Talente fördern und an ihren Schwächen arbeiten. Die Verwirklichung dieser Ansprüche geht zulasten der Partnerschaft, anderer Beziehungen oder Freizeitaktivitäten, mit deren Hilfe Mütter oder Eltern wieder Kraft schöpfen könnten. Sie können diese Leistungen, wenn überhaupt, nur noch für eine geringe Kinderzahl erbringen. Vielfach führt diese Überforderung aber auch zum Gegenteil: Die Familienmitglieder sprechen nicht miteinander, und die Kinder werden vor dem Fernseher abgestellt.

Entsprechend heterogen ist die Situation auch für Kinder. Führen intensive Förderungsmaßnahmen einiger Kinder dazu, dass sie bereits in jungen Jahren einen Terminkalender wie viel beschäftigte Erwachsene haben und keinerlei Zeit zum Herumtoben und Abhängen, ist bei anderen Langeweile und Monotonie an der Tagesordnung.

Die Nähe und die Enge der Beziehungen zwischen Kindern und Eltern hat zudem in den letzten Generationen zugenommen. Eltern wünschen sich – wie vielfach beschrieben – Kinder aufgrund ihrer emotionalen Bedeutung, sie werden als Bereicherung verstanden und haben für viele einen sehr hohen Stellenwert im Leben. Auch viele Kinder erleben die Beziehung zu ihren Eltern im Vergleich zu früheren Generationen als gefühlsbetonter und beurteilen dieses Verhältnis auch deutlich positiver als vorherige Generationen. Damit haben Familienbeziehungen eine neue Qualität erhalten: Familie wird von der jetzigen Generation als Ort erlebt, an dem sie Sicherheit, Unterstützung und Hilfe erhält. Diese enge Bindung zwischen Eltern und Kindern birgt aber auch Gefahren in sich: Einerseits wird der gegenseitige Ablösungsprozess von Eltern und Kindern als ein wichtiger Schritt des Erwachsenwerdens immer später und zögerlicher vollzogen. Andererseits scheitern gegenwärtig auch viele Kinder an ihren Eltern. Häufig dann, wenn sie die hohen Erwartungen der Eltern nicht mehr erfüllen können. Die Wünsche vieler Eltern gehen heutzutage deutlich über die Erwartung hinaus, das Kind möge einen Arbeitsplatz bekommen und sich im Leben zurechtfinden. Auch führen die Kommunikationstechnologien und die Schnelligkeit der gesellschaftlichen Prozesse dazu, dass sich die Weltanschauungen der Generationen weiter voneinander entfernen als noch in anderen Generationen. Bisher wuchsen die Kinder mehr oder weniger in das Weltbild der Eltern hinein. Die Anforderung an die heutigen Generationen besteht darin, trotz unterschiedlicher Werte und Einstellungen das Gespräch zwischen den Generationen und damit die emotionale Verbindung der Eltern-Kind-Beziehungen zu erhalten.

Die Eltern-Kind-Beziehung im 21. Jahrhundert steht weiterhin im Spannungsfeld zwischen den erweiterten «Normen der verantworteten Elternschaft», dem beschriebenen Bedeutungszuwachs des emotionalen Eltern-Kind-Verhältnisses und der Realität der heutigen Arbeits- und Lebensbedingungen, die dem Einzelnen in hohem Maße Mobilität und Flexibilität abverlangen. Diese Bedingungen erfordern, dass die Lücken in der Versorgung und Betreuung von Kindern stärker durch Erzieher/

-innen, Lehrer/-innen oder zusätzliche Bezugspersonen gefüllt werden müssen, und stehen damit im Widerspruch zu den normativen Ansprüchen, die an Eltern gestellt werden. Es entstehen Überforderungs- und Schuldgefühle und das Erleben, sich zwischen Kindern und Beruf zu zerreißen und beidem nicht gerecht zu werden.

# 4. Was wird aus der Familie?

Nachdem wir nun einerseits in die Vergangenheit geblickt haben, andererseits uns nochmals die Situation der Frauen und Männer im 21. Jahrhundert, aber auch die Anforderungen an Partnerschaft und Elternschaft vergegenwärtigt haben, stellt sich die Frage nach der Zukunft der Institution Familie. Ist es tatsächlich so, dass das Lebensmodell Familie überkommen ist und niemand mehr bereit ist, sich den Mühen und Kosten der Kindererziehung zu widmen?

In den USA, aber auch in Deutschland wird von den Medien, Soziologen und Bevölkerungswissenschaftlern immer wieder die «Auflösung der Familie» diagnostiziert und die Frage aufgeworfen, ob die Familie vor ihrem Ende stehe. Es wird behauptet, die Kinderzahlen würden wegen des zunehmenden Materialismus und Egoismus der Menschen abnehmen.

In Deutschland wird die Diskussion um die Entwicklung der Familie sehr stark entlang der Individualisierungsthese geführt, die vor allem von dem Soziologenehepaar Beck und Beck-Gernsheim vorangetrieben wurde. Die Individualisierungsthese geht davon aus, dass sich die Menschen im Zuge der Industrialisierung und der Modernisierung aus den historisch vorgegebenen Lebensformen und sozialen Bindungen herausgelöst haben. In der Folge haben sich die familiären Strukturen als Konsequenz der Veränderungen der sozialen und strukturellen Gegebenheiten gewandelt. Die Menschen sind zunehmend vom Land in die Städte gezogen und haben damit traditionelle Sicherheiten aufgegeben, wie zum Beispiel das Familiensystem, eine überschaubare Dorfgemeinschaft oder einen vorgeebneten Lebenslauf. Diese Entwicklung bedeutet einerseits einen Zugewinn an individueller Freiheit, andererseits auch die Auflösung eingespielter Muster und Regelsysteme. Individualisierung meint die Auflösung und Ablösung von bestimmten Lebensformen (traditionelle Einbindungen) durch Strukturen, die von den Menschen neu hergestellt werden müssen. Die Einzelnen müssen sich eine «Wahl-oder Bastelbiographie» konstruieren, ohne auf Hilfe und Selbstverständlichkeiten zurückgreifen zu können. In den Lebensformen, die sich Menschen aufbauen, müssen heute aber die Vorstellungen von zwei Personen miteinander in Einklang gebracht werden, also Wünsche bezüglich Ausbildung, Beruf, Familie, aber auch Lebensform und Lebensstil. Der Balanceakt zwischen den von den jeweiligen Partnern angestrebten unterschiedlichen «Bastelbiographien» kann dazu führen, dass die Einzelbiographien kein Miteinander finden. Wie schwierig ein solches Projekt angesichts eines immer weniger planbaren beruflichen Lebens sein kann, ist für viele Menschen erfahrbar. Von Arbeitnehmer/-innen wird heutzutage ein hohes Maß an Flexibilität gefordert, Zeitverträge setzen sich immer mehr durch, Umschulungen und Branchenwechsel sind nichts Ungewöhnliches mehr.

Nach diesem Verständnis macht die beschriebene gesellschaftliche Entwicklung die Verwirklichung der Lebensform Familie nicht gerade einfach und kann unter anderen eine der Ursachen für die zurückgehenden Kinderzahlen sowie das Phänomen der gewollten Kinderlosigkeit sein.

Ob die Institution Familie damit vor dem Ende steht, ist eine Frage, die nur spekulativ beantwortet werden kann. In der Diskussion darum werden häufig die Krisensymptome der modernen Familie ins Feld geführt, um damit den Abgesang auf dieses Lebensmodell anzustimmen. Demnach sind familiäre Lebenszusammenhänge – im Sinne des herkömmlichen, durch Ehe und Kinder bestimmten Familienbegriffes – durch eine sinkende Kinderzahl und durch geringere Stabilität und Attraktivität gekennzeichnet, da die Scheidungshäufigkeit zugenommen habe und die Heiratshäufigkeiten zurückgegangen sei.

Bei einem Blick auf die Geschichte und aus einer historischen Perspektive relativiert sich jedoch die heutige gesellschaftliche Situation in ihrer vermeintlichen Neuartigkeit. Der Anteil der kinderlosen Frauen der Geburtenjahrgänge 1956–1960 ist fast genauso hoch wie jener der Geburtenjahrgänge zur Jahrhundertwende (vgl. Abb. 1.1). Natürlich muss hierbei auch der historische Kontext berücksichtigt werden, sodass die hohe Kinderlosigkeit der um 1900 geborenen Frauen anders interpretiert werden muss als der hohe Anteil der heutigen Generationen, da die Ursachen andere waren, als sie heute sind: Folgen des Ersten Weltkriegs. Dennoch ist zu bedenken, dass der gegenwärtige Geburtenrückgang vor dem Hintergrund der historisch einmaligen Situation in der Nachkriegszeit zu sehen ist, als sich eine Form des Familienmodells normativ nahezu in ganz Europa durchgesetzt hatte: die Kleinfamilie mit 2–3 Kindern. Es ist zu hinterfragen, ob die heutige Entwicklung besonders aus dieser Perspektive krisenhaft erscheint.

Auch waren in vorherigen Jahrhunderten Mutter- und Vater-Familien, Adoptions-, Pflege- und Stieffamilien sowie so genannte Patchworkfamilien verbreiteter als heute. Die Zunahme der Pluralität der Familien- und Lebensformen kann daher kaum als eine moderne Entwicklung der Familie betrachtet werden. Zu allen Zeiten der Geschichte und in den meisten Gesellschaften gab es mehrere Familientypen und familiäre Lebensformen. Dass heute die verschiedenen Modelle und Familientypen als Zeichen gesehen werden, dass Familien ein Auslaufmodell seien, kann einerseits daran liegen, dass wir immer noch stark von den romantischen Vorstellungen der bürgerlichen Familie geprägt sind: legale, lebenslange und monogame Ehen, zu denen auch unbedingt Kinder gehören. Andererseits kann wiederum die Nachkriegsära, das goldene Zeitalter der Familie aus den 50er Jahren, dazu beigetragen haben, dass diese stark normierenden Vorstellungen von dem, was der Begriff Familie beinhaltet, existieren.

Auch die steigenden Scheidungszahlen sind weniger auf eine erhöhte Krisenhaftigkeit der Ehen zurückzuführen als auf eine Veränderung der kulturellen Normen, welche die Scheidungsschwelle herabgesetzt haben. Es gibt auch keinen Hinweis darauf, dass die Familie ihre subjektive Wertschätzung eingebüßt hätte. Es wird im Gegenteil angenommen, dass die subjektive Bedeutung von Ehe/Partnerschaft und Kindern gestiegen ist. Auch wenn in den vergangenen 30 Jahren der Anteil an Ein-Personen-Haushalten und die Zahl der Paare ohne Kinder gestiegen ist, dominiert nach wie vor die Paarbeziehung. Gegenüber den 43 Millionen Menschen, die zusammen mit ihren Partnern leben, wohnen in Deutschland 17,4 Millionen Menschen allein, davon sind viele entweder ältere Menschen (die also bereits in einer Ehe oder Beziehung gelebt haben) oder jüngere Menschen (die also entweder in einer Beziehung leben oder es noch tun werden). Die Lebensformen haben sich demnach weniger stark verändert als angenommen.

Nach empirischen Untersuchungen kann auch der Geburtenrückgang weniger als Zeichen der gesunkenen Attraktivität von Kindern gewertet werden, sondern steht vielmehr im Zusammenhang mit dem Bedeutungswandel von Kindern. Kinder werden aufgrund ihrer emotionalen Bedeutung gewünscht, sie stehen für Bereicherung und für Selbstverwirklichung der Eltern. Dieses Kinderwunschmotiv führt zusammen mit der Norm der «verantworteten Elternschaft», d. h. etwa Kindern optimale Startchancen zu geben (vgl. Kapitel 2), zu einer Reduktion der Kinderzahl. Auch bei der so genannten gewollten Kinderlosigkeit handelt es sich – mit Ausnahme einer Minderheit – wie wir in den folgenden Kapiteln sehen werden, um aufgeschobene Kinderwünsche, die durch zwischenzeitliche Veränderungen, zum Beispiel Tod des Partners, Unfälle, Krankheiten, aber auch Gewöhnungseffekte, zu langfristigen kinderlosen Lebensformen werden (vgl. ausführlich Kapitel 6).

Die Zunahme der «neuen Kinderlosigkeit» kann daher nicht voreilig als Beginn eines Werteverfalls oder als bewusster Trend zur Kinderlosigkeit begriffen werden. Wie einige Wissenschaftler und Wissenschaftlerinnen meinen, ist bisher zu wenig zu diesem Thema geforscht und geschrieben worden, um abgeschlossene und abgesicherte Analysen oder Erklärungen des aktuellen Trends der Kinderlosigkeit zu liefern. Es gibt Hinweise, die Zunahme der Kinderlosigkeit als Phänomen zu begreifen, das sich aus den Verschiebungen und Veränderungen in den biographischen Abläufen vor allem bei Frauen mit höherem Bildungsniveau ergibt. Durch die langen Ausbildungszeiten verschiebt sich bei diesen Frauen die Partnerwahl und das Kinderkriegen auf die Jahre zwischen 30 und 35. Sicher erscheint, dass die Funktionen von Partnerschaften und Kindern, die bislang von der Familie übernommen wurden, weiterhin für die Einzelnen von Wichtigkeit sind und auch in Zukunft in familienähnlichen Konstellationen oder anderen vergleichbaren Strukturen gewährleistet werden. Denn diese Strukturen bieten besondere Möglichkeiten, verlässliche, langjährige und sichere Beziehungen zu erleben, und haben dadurch etwas, was in der heutigen Zeit von vielen Menschen gesucht wird: Geborgenheit und Sicherheit. Doch dafür benötigen wir auch gesellschaftliche Bedingungen, die eine Vielfalt an Lebensformen ermöglichen und eine Vereinbarkeit von Kindern und Erwerbstätigkeit gewährleisten.

Dieses Buch möchte die gesellschaftspolitische Dimension der Kinderlosigkeit nur streifen. Für eine ausführliche Diskussion sei daher an dieser Stelle auf andere Bücher verwiesen.

# 5. Ein Leben ohne Kinder

## 5.1 Wie bewusst ist die Entscheidung gegen Kinder?

Als junge Frau ist für Marlene Steiger* klar gewesen, dass sie irgendwann einmal eine Familie mit Kindern haben würde. Doch zunächst wollte sie in ihrem Beruf als Buchhalterin Fuß fassen und nutzte sogar ihre Freizeit, um sich zu qualifizieren. Mit ihrem Partner war sie schon längere Zeit zusammen, und sie überlegten, ob sie heiraten wollten. Ihr Freund – das wusste Marlene Steiger schon seit geraumer Zeit – konnte jedoch nur mäßige Begeisterung dafür aufbringen, dass sie so viel Zeit und Energie in ihren Beruf steckte. «Das wird dann aber hoffentlich anders, wenn wir Kinder haben», war sein Standardkommentar, wenn sie abends die Bücher zuklappte. Aber wer wusste schon, wie es in Zukunft weitergehen würde, von daher – fand sie – war es müßig, sich mit ihm darüber zu streiten. Tatsächlich kam alles anders. Marlene Steiger bekam die Möglichkeit, in eine Steuerberatungspraxis einzusteigen, mit der Aussicht, diese sogar langfristig zu übernehmen. Ihr Freund stellte sie daraufhin vor die Wahl «Ich oder die Praxis». Wie sollten Beziehung und Familie unter einen Hut gebracht werden, wenn sie sich beide voll auf den Beruf konzentrierten? Wer sollte da die Hintergrundarbeit machen, die jeder funktionierende Haushalt braucht? Da er sowieso besser verdiente, sei es für beide vorteilhafter, wenn er ganz in den Beruf einsteigen würde. Natürlich sollte sie ihre Berufstätigkeit nicht ganz aufgeben. Aber dem Freund den Rücken freizuhalten und gerade ein kleines Zubrot zu verdienen entsprach nicht Marlenes Vorstellungen, und so gab sie ihm schon rein aus Trotz den Laufpass.

Heute glaubt Marlene Steiger, wenn sie sich in diesem Moment nicht aus Trotz getrennt hätte, wenn ihr Freund nicht in einer emotional sehr

---

* Die Namen aller in diesem Buch erwähnten Personen sind geändert.

aufgeladenen Stimmung eine so radikale Entscheidung von ihr verlangt hätte, wenn sie zusammengeblieben wären, dann hätte sie wahrscheinlich auch ein Kind mit ihm bekommen. So kam alles anders, denn der berufliche Einstieg in die Praxis kostete die junge Frau viel Energie und Kraft. Von Männern wollte sie erst mal nichts wissen, und als sie wieder Zeit und Lust hatte, sich nach einem Mann umzusehen, war es ihr zunächst wichtiger, dass die Beziehung funktionierte. In diesen Jahren war aber noch mehr passiert. Das Selbstverständnis von Marlene Steiger hatte sich verändert: Ihre berufliche Weiterentwicklung und Eigenständigkeit waren ihr zunehmend wichtiger geworden, und sie war mit ihren 35 Jahren nicht mehr bereit, für ein Kind und einen Mann ihr Leben grundlegend zu ändern. Heute sagt sie, wenn sie sich für die Heirat mit ihrem damaligen Freund entschieden hätte, wäre sie die Frau eines Mannes geworden, der ihre berufliche Entwicklung verhindert hätte. Ein Leben als Hausfrau und Mutter wäre für Marlene Steiger nicht infrage gekommen. So ein Leben hatte ihre Mutter gelebt, als sie nach der Heirat ihren Beruf für die Familie aufgab. Und ihre Mutter hatte ihr eine Botschaft mit auf den Weg gegeben, die vielen jungen Frauen heutzutage vertraut sein dürfte: «Sei selbständig und verwirkliche deine Träume.»

Auch bei Marie Winterthur war alles im Leben so geplant, dass sie Kinder hätte bekommen können. Sie und ihr Mann hatten vorgehabt, mit Anfang 30 Kinder in die Welt zu setzen. Doch auch bei ihnen kam es anders. Marie Winterthur wurde krank. Es begann eine lange Krankheitsgeschichte, die Maries Lebenseinstellung vollkommen veränderte. Durch eine mehrjährige Psychotherapie konnte sie für sich und ihre Beziehung so viel dazugewinnen, dass sie sich am Ende gar nicht mehr vorstellen konnte, ihre Zeit oder ihre Beziehung mit noch jemand anderem zu teilen, und sei es auch das eigene Kind. Nachdem sie eine kurze Zeit um diese Option und auch um das gewünschte Kind und den Lebenstraum, ein Kind zu haben, getrauert hatte, wurde ihr zunehmend bewusst, dass sie sich auch ohne die Krankheit gegen diese Lebensoption entschieden hätte.

*Durch die Erkrankung ist mir klar geworden, was mir wichtig ist. In meiner Psychotherapie habe ich erstmalig erfahren, wie es sich anfühlen kann, wenn ich auf mich achte und nicht immer auf die Wünsche und*

*Bedürfnisse von anderen Menschen eingehe. Ich habe viel Zeit ge-*
*braucht, mir über die eigenen Wünsche klar zu werden, sie deutlich*
*wahrzunehmen und sie dann auch umzusetzen und dafür geradezuste-*
*hen. Wenn ich ein Kind hätte – ich bin mir sicher, ich würde diese Er-*
*fahrung und dieses Lebensprinzip nicht erhalten können, ich könnte*
*mich nicht ausreichend abgrenzen und würde in mein altes Muster ver-*
*fallen. Es ist gut, dass ich kein Kind habe, ich möchte ohne Kinder mein*
*Leben leben.*

Haben sich diese beiden Frauen «bewusst» für ein Leben ohne Kinder
entschieden? Oder hat «es sich einfach nicht ergeben» – wie mir viele
Frauen schilderten? Haben sie sich mit ihrem Leben, so wie es sich ergeben hat, arrangiert? Sind die Wünsche dem Leben angepasst worden,
oder entspricht das Leben wirklich den eigenen Vorstellungen? Mit anderen Worten: Wie bewusst und gewollt ist denn eigentlich die «gewollte
Kinderlosigkeit»?

Aus den beiden Lebensgeschichten wird jedenfalls ersichtlich, dass
die subjektive Einstufung «Ich bin gewollt kinderlos» als eine Art Selbst-
definition und als ein Prozess der Identitätsbildung zu betrachten ist.
Die beiden Frauen betrachten rückblickend ihr Leben und ziehen dann
die Bilanz: Ich habe es so, wie es heute ist, nicht anders gewollt. Sie rekonstruieren ihre Biographie und kommen zu dem Ergebnis: «Ich habe
keine Kinder, weil ich es mir so wünsche.»

Dies bedeutet, dass weniger die konkreten Tatsachen als vielmehr die
psychische Verarbeitung des Lebensverlaufes und die Akzeptanz der Situation, keine Kinder zu haben, ausschlaggebend ist für die eigene Einstufung, ob die Frauen sich nun als gewollt kinderlos begreifen oder nicht.

Außerdem hat sich herausgestellt, dass die Einschätzung und die Einstufung auch vom Zeitpunkt abhängen, zu dem ich die Frauen befragte,
ob sie sich als gewollt kinderlos betrachten. Hätte man Marie Winterthur
kurz nach der Diagnosestellung befragt, wäre sie wahrscheinlich zu einer anderen Einschätzung gekommen. Auch Marlene Steiger wäre vermutlich kurz vor oder nach der Trennung von ihrem Partner zu einer
anderen Sichtweise gelangt.

Ich gehe davon aus, dass die Auseinandersetzung mit dem Thema Kinderwunsch bzw. mit dem Thema Elternschaft oder Kinderlosigkeit in ihrer Intensität im Laufe des Lebens variiert, d. h. mal mehr, mal weniger stark ausgeprägt ist. Diese Schwankungen sind von inneren und äußeren Umständen abhängig. Viele Frauen beschreiben zum Beispiel, dass sich ab dem 30. Lebensjahr plötzlich das Gefühl einstellt: «Meine biologische Uhr beginnt langsam zu ticken.» Und damit verändert sich auch die gesamte wahrgenommene Umgebung. Plötzlich sehen sie zum Beispiel überall schwangere Frauen oder Frauen mit Kinderwagen, lesen Jobanzeigen auf ihre Kinderverträglichkeit hin und beäugen Männer und mögliche Partner hinsichtlich ihrer potenziellen Vatertauglichkeit. Aber auch eine Schwangerschaft im Verwandten- oder Freundeskreis, die Mutter, die jetzt schon zum zehnten Mal nach Enkelkindern fragt, oder auch Krankheitsdiagnosen können zu Ereignissen werden, die die Intensität des wahrgenommenen Kinderwunsches beeinflussen. Umgekehrt kann auch der Partner, der sich absolut gegen oder für Kinder einsetzt, das eigene Verhältnis zur Kinderfrage beeinflussen.

Es gibt also meiner Meinung nach nicht die statische und polarisierte Einteilung in zwei Grundtypen von Kinderlosen: ungewollt oder gewollt Kinderlose. Eine dichotome Einteilung in ungewollte und gewollte Kinderlosigkeit kann der Vielfalt der individuellen Lebensschicksale nicht gerecht werden. Ein lebenslang existierender starker, aber unerfüllter Kinderwunsch sowie eine lebenslange klare Entscheidung gegen Kinder beschreiben nur die beiden extremen Pole der Kinderlosigkeit. Zwischen diesen beiden Gegensätzen spannt sich ein Kontinuum, auf dem sich Frauen und Männer befinden, deren Kinderwunsch im Laufe des Lebens aus unterschiedlichen Gründen variiert und damit als Prozess zu begreifen ist.

Das bedeutet, dass die gewollte Kinderlosigkeit als Selbstbeschreibung immer eine rückblickend erfolgte Lebensbilanzierung darstellt. Das heißt, wie in den meisten Fällen rekonstruieren wir selbst unsere Lebensgeschichten und unsere Identität. Zudem kann sich je nach den Umständen die Intensität des wahrgenommenen Kinderwunsches und die Einstellung zum eigenen Leben verändern – mit oder ohne Kinder.

Dies bedeutet auch, dass viele Menschen je nach Lebensalter zu unterschiedlichen Einschätzungen kommen, wie selbst gewählt ihre «gewollte» Kinderlosigkeit tatsächlich ist.

Die Frauen und Männer, die in diesem Buch zu Wort kommen, haben sich alle für ein Leben ohne Kinder entschieden. Es waren Personen, die ich im Rahmen der anfangs genannten Studie interviewt habe, aber auch Frauen und Männer, mit denen ich in anderen beruflichen Kontexten sowie privat gesprochen habe. Sie alle wären in der Lage gewesen, Kinder zu bekommen, und sie hatten die Möglichkeiten einer Entscheidung für ein Leben mit Kindern: Sie waren weder physisch noch psychisch krank. Die meisten kamen aus der Mittelschicht; viele hatten Abitur, einige einen akademischen Abschluss. Einige waren berufstätig, andere nicht. Manche haben sehr früh diese Entscheidung getroffen, andere später. Viele von ihnen waren in einem Alter, in dem die Entscheidung für ein Leben mit oder ohne Kinder bereits getroffen worden ist, d. h. sie hatten ihre fruchtbare Phase im Leben bereits überschritten. Andere Gesprächspartnerinnen waren dagegen zwischen 30 und 40, in einem Alter also, in dem man sich grundlegend mit der Kinderfrage auseinander setzt. Dies bedeutet, dass sich eine große Bandbreite von Erfahrungen in diesem Buch wiederfindet. Auch in den Gesprächen mit der älteren Generationen haben sich im Kern die Fragen gestellt, die ebenso die heutige Generation betreffen. Zudem können besonders die älteren Gesprächspartnerinnen und Gesprächspartner Auskunft darüber geben, wie sich die Auseinandersetzung mit der Kinderfrage im Lebensverlauf immer wieder stellt und wie sie im späteren Erwachsenenalter erfahren wird.

Was war ausschlaggebend für die Entscheidung dieser Frauen und Männer, kinderlos zu bleiben? Wie kam es in ihrem Leben zu dieser Entscheidung? Welche Motive, aber auch welche Rahmenbedingungen spielen hierbei eine Rolle?

## 5.2  Die Entscheidungsfindung

Wie schon gesagt, sehe ich die Auseinandersetzung mit dem Thema Kinderwunsch bzw. mit dem Thema Elternschaft oder Kinderlosigkeit als eine Frage, die sich durch die gesamte Biographie zieht. Die Entscheidung in der Kinderfrage wird zu verschiedenen Lebenszeitpunkten auf der Basis sich verändernder Lebenssituationen und aufgrund wechselnder Motive getroffen. Es ist also notwendig, diese Frage für sich immer wieder neu zu beantworten, weil wir je nach Lebensphase die Lebensbereiche (Ausbildung, Beruf, Wohnung, Familie, Kinder, Partnerschaft) anders bewerten, weil sich für uns die Wichtigkeit dieser Bereiche verändert bzw. wir diese anders erleben.

Wer hat sich schon zu Schulzeiten Gedanken darüber gemacht, wie das Berufsleben aussehen soll? Auch die anschließende Ausbildung oder das Studium waren zunächst vielleicht nur mäßig wichtig. Man will etwas erleben, erst mal raus von zu Hause – und überhaupt: Was kostet die Welt? Wenn man dann festgestellt hat, was die Welt kostet, weil man sein Leben irgendwie finanziert bekommen muss, stellt sich die Frage nach dem Beruf ganz anders: «Arbeitszeit ist Lebenszeit», d. h. Selbstverwirklichung im Beruf, oder ein Nine-to-five-Job, weil die Freizeit wichtiger ist?

Und so ändern sich unsere Einstellungen in vielen Bereichen unseres Lebens. Eine Liebe mit 22 ist etwas anderes als mit 32 – die Leichtigkeit und Unbedarftheit wird eingetauscht gegen Erfahrungen und weit reichende Ansprüche an eine Beziehung.

Das betrifft natürlich auch den Kinderwunsch. Als Kinder – kleine Mädchen und Jungs – scheint es uns selbstverständlich, Kinder zu bekommen, schließlich ist es das Lebensmodell, das uns die Eltern vorleben, und unsere Existenz spricht dafür, dass Kinder klarer Bestandteil des Lebens sind. Mit Anfang 20, wenn man gerade für sich selbst Verantwortung übernommen hat, kommen der einen oder dem anderen vielleicht zum ersten Mal Zweifel. Aber eigentlich ist das Thema jetzt nicht besonders wichtig, da die Zeit noch nicht gekommen scheint. Erst mal stehen andere Dinge im Vordergrund. Mit Mitte bis Ende 20 wird es dann schon eher ein Thema für viele Frauen, wenn hinsichtlich Partner und Beruf einigermaßen Klarheit besteht. Aber Freizeit und Freiheit sind ja eigentlich auch ganz schön, und Handlungsbedarf besteht zudem noch nicht wirklich. Und irgendwann kann es dann zu dem Gefühl kommen: «Die biologische Uhr tickt.»

Auch der Umgang mit dem Thema «Kinder oder nicht» variiert und verläuft in Etappen. Wie Menschen letztendlich mit der Tatsache umgehen, dass wir biologisch gesehen unverrückbare zeitliche Grenzen für die Entscheidung in der Kinderfrage haben, hängt davon ab, was für Persönlichkeiten sie haben und wie ihre Lebensbedingungen aussehen. Einige verwerfen sofort die Möglichkeit, Mutter oder Vater zu werden, andere überprüfen eine einmal wahrgenommene Vorliebe in dieser Frage immer wieder. Wieder andere denken nur sporadisch darüber nach oder verschieben die Entscheidung immer wieder neu. Lange Ausbildungszeiten und der Wunsch, auf eigenen Füßen zu stehen, begünstigen es, die Familienplanung immer wieder aufzuschieben.

Was alles zu dieser Entscheidung beiträgt, habe ich im Folgenden aus den Gesprächen mit Kinderlosen zusammengestellt.

### «Nie wie meine Eltern»

Sabine Hansen wuchs mit ihrer Zwillingsschwester und ihrem jüngeren Bruder bei ihrer allein erziehenden Mutter auf. Ihre Mutter wollte Kinder. Als die beiden Zwillinge kamen, gab sie ihren Beruf auf. Der Vater arbeitete auf Montage, war also nur am Wochenende da. Ihre Mutter war überfordert mit der Versorgung der beiden Säuglinge, die sie ganz alleine zu meistern hatte. Sie fühlte sich der Situation mit zwei Kindern nicht gewachsen. Auch hatte sich die Mutter ihr Leben letztlich anders vorgestellt und als dann noch der jüngere Bruder von Sabine auf die Welt kam, gab sie ihren Kindern das auch deutlich zu verstehen. Sabine Hansen berichtet, wie sie aufgewachsen ist:

*Ich habe von zu Hause aus eine sehr negative Einstellung zu Kindern mitbekommen. Das Schlimmste, was einem Menschen, also einer Frau*

*passieren konnte, dass sie Kinder bekommt – um Himmels willen! Und:*
*Mache es bloß nicht so wie ich.*

Sehr deutlich wurde Sabine seitens ihrer Mutter vermittelt, dass sie besser einen anderen Lebensweg einschlagen sollte, und die Botschaft «Mache es bloß nicht wie ich» hat Sabine ihr Leben lang begleitet.

Vergleichbares berichtet eine andere Gesprächspartnerin. Ihre Mutter war die Jüngste in einer kinderreichen Familie und wurde von den älteren Schwestern aufgezogen. Diese – nicht glücklich über die jüngere Schwester, auf die sie immer aufpassen mussten – hatten ihren Weg gefunden, der kleinen Schwester ihre Einschränkungen heimzuzahlen: Sie musste immer tun, was die älteren Schwestern wollten. Aus dieser Rolle wieder auszusteigen, schaffte ihre Mutter nicht, auch wenn sie sehr wohl den Wunsch danach verspürte. Die Folge davon war, dass sie diesen unerfüllten Wunsch an ihre Tochter weitergab, sie beauftragt sie – an ihrer Stelle –, diesen Wunsch zu leben.

*Meine Mutter hat mich eigentlich sehr früh zur Selbständigkeit erzogen, sie war zu Hause die Jüngste und hat unter der Fuchtel ihrer Schwestern gestanden. Sie musste immer schön das tun, was die anderen wollten, sie hat immer gesagt: ‹Das passiert meiner Tochter nicht›, und das hat sie auch wirklich umgesetzt. Sie hat mich also schon sehr früh an das Selbständigsein gewöhnt. Und dieser Drang nach Unabhängigkeit in mir, der war einfach schon immer da. Das war wie so ein Auftrag.*

Diese Weitergabe von unerfüllten Wünschen seitens der Mütter an die Töchter – die oben erwähnte Gesprächspartnerin empfindet es wirklich wie einen Auftrag – findet sich in fast allen Familien. In der psychologischen Fachsprache nennt man das Delegation, und die systemische Familientherapie hat sich sehr ausführlich damit beschäftigt.

Bei gewollt kinderlosen Frauen betreffen die Botschaften der Mütter oder die Aufträge häufig unerfüllte Lebensträume, in denen Unabhängigkeit und ein beruflich erfülltes Leben eine große Rolle spielen. «Führe ein selbständigeres Leben als ich», «Mache dich nicht so von einem Mann abhängig, wie ich es war», lauten die Botschaften. Und Unselbständigkeit und Abhängigkeit verbinden sich in den Köpfen der Frauen sehr schnell mit Kindern. Unabhängig sein und Kinder haben – das scheint sich auszuschließen.

Eine weitere Gesprächspartnerin berichtet, die Botschaft ihrer Mutter, sich nicht in die Abhängigkeit von einem Mann zu begeben, habe dazu beigetragen, in den jeweiligen Beziehungen nie an Kinder zu denken. Bis zu ihrem 40. Lebensjahr haben die Berufstätigkeit und der berufliche Erfolg im Vordergrund gestanden. Sie schildert ihre Mutter als eine starke Frau, die in ihrem Beruf als Ärztin erfolgreich war und im beruflichen Bereich durchaus in der Lage gewesen sei, sich gegenüber den Kollegen und Kolleginnen durchzusetzen. Emotional sei sie aber stark von ihrem Ehemann abhängig gewesen, der sie nicht nur mit der Erziehung der Kinder allein ließ, sondern sie zudem noch pausenlos mit anderen Frauen betrog. Sie erzählt weiter, sie habe die Erfahrung ihrer Mutter nicht wiederholen wollen, die durch die gleichzeitige Bewältigung ihres Berufes als Ärztin, der Führung des Haushaltes und der Erziehung der Kinder völlig überlastet gewesen sei.

Für viele Frauen ist es wichtig, das Leben ihrer Mutter nicht zu wiederholen, nicht die Rolle einzunehmen, in der sie ihre Mutter wahrgenommen haben. Dabei ist es vor allem die als finanziell und emotional abhängig erlebte Situation der eigenen Mutter vom Vater, die die Frauen nicht selbst erfahren wollen. Es ist daher besonders wichtig, einem Abhängigkeitsverhältnis in der Partnerschaft zu entgehen. «Ich wollte nie so abhängig von einem Mann sein wie meine Mutter» berichtet eine andere Gesprächspartnerin. Und weiter:

*Meine Mutter hat immer gesagt: ‹Ich bin bei dem Mann geblieben wegen des Kindes.› Wenn ich diesen Satz höre, auch heute noch von anderen Frauen, da stehen mir die Haare zu Berge, das kann ich nicht hören. Wenn Frauen nicht gehen, dann sind sie zu feige. Oder doch irgendwie in so einer Bequemlichkeit drin: Ich habe einen Mann, dann bin ich zumindest versorgt, egal, ob er sie halb totprügelt oder verachtet oder was, das spielt da keine Rolle. Das kennen wir ja alles. Sie soll gehen und muss sich eben auf die eigenen Füße stellen, und dann ist der Fall erledigt für alle Beteiligten.*

Auch Friederike Rabe erzählt, dass sie die Lage ihrer Mutter als schrecklich empfunden habe. Diese wurde vom Vater sehr kurz gehalten und bekam das Haushaltsgeld immer vom Buchhalter der Firma des Vaters.

Ihre Mutter hatte ihren Beruf aufgegeben und war daher finanziell völlig von ihrem Vater abhängig.

*Wir waren vier Kinder, also ein Sechs-Personen-Haushalt, und meine Mutter hat 1000 Mark Haushaltsgeld gekriegt. Und damit ist sie vielleicht etwas über die Hälfte des Monats gekommen, und dann hat sie sich nicht getraut, weil mein Vater ja sehr geizig war, zu sagen, dass sie kein Geld mehr hat, um das Essen auf den Tisch zu bringen. Und dann ist sie zum Buchhalter gegangen und hat sich Vorschuss geholt. Das muss man sich mal vorstellen, die Frau vom Chef muss zum Buchhalter gehen und holt sich den Vorschuss auf das nächste Haushaltsgeld. Meiner Mutter ist es eigentlich nie gut gegangen in ihrem Leben, obwohl Geld da war. Sie konnte sich nichts leisten, aber auch gar nichts. Vielleicht hängt das auch damit zusammen, dass ich immer gesagt hab: ‹Ich möchte nie in diese Abhängigkeit geraten wie meine Mutter.›*

Die Mütter hatten also für die meisten der gewollt kinderlosen Frauen keine Vorbildfunktion. Sie hatten vielfach für ihre Kinder den Beruf und ihre Selbständigkeit aufgegeben, waren in ihren Augen emotional und finanziell von den Vätern abhängig oder völlig überfordert von den Kindern, kurz, sie hatten – in den Augen dieser Frauen – ihr Leben aufgegeben. Es entsteht daher bei den Frauen der Wunsch, die negativen Erfahrungen der eigenen Mutter zu vermeiden.

Auch die Forschung hat sich mit der Frage nach der Vorbildfunktion der Herkunftsfamilie von kinderlosen Frauen und Männern beschäftigt. Studien finden, dass deutlich mehr Eltern in ihrer Herkunftsfamilie ein positives Vorbild für ein eigenes Familienleben sehen. Den Ergebnissen zufolge war die familiäre Wärme in den Herkunftsfamilien von gewollt kinderlosen Frauen und Männern in geringerem Ausmaß gegeben als bei Eltern oder zukünftigen Eltern. Es liegt nahe zu fragen, ob zwischen den Familien von späteren Eltern und gewollt Kinderlosen hinsichtlich der Vollständigkeit des Elternhauses Unterschiede bestehen, ob also gewollt kinderlose Frauen und Männer im Vergleich zu Eltern in der Kindheit häufiger nur mit einem Elternteil oder außerhalb des Elternhauses aufwuchsen. Zu dieser Frage gibt es keine abschließenden Aussagen, da die Forschung auf der Suche nach einer Antwort zu unterschiedlichen

Ergebnissen kommt. Dieses Phänomen ist nichts Ungewöhnliches in der wissenschaftlichen Arbeit. Besonders in Bereichen, zu denen noch wenige Untersuchungen vorliegen, kommt es häufig zu sehr unterschiedlichen Ergebnissen. Insgesamt muss man bei den Studienergebnissen zur gewollten Kinderlosigkeit sehr vorsichtig sein, da es bislang wenige Forschungen zu diesem Thema gibt. Die wenigen existierenden Studien sind zum Teil mit methodischen Problemen behaftet, oder die Studien sind nicht miteinander vergleichbar. D. h., erst wenn mehrere Untersuchungen vorliegen und auch eine gewisse «Güte» oder «Qualität» der Studien gegeben ist, kann tatsächlich eine Aussage über eine Frage getroffen werden, wie sie oben gestellt worden ist.

Aber es ist nicht nur der Wunsch, die negativen Erfahrungen der Mütter nicht wiederholen zu wollen, der bei den Frauen zu der Entscheidung gegen Kinder beiträgt. Im Gespräch mit den von mir befragten Personen wurde deutlich, dass diese Entscheidung zum Teil auch als Reaktion auf die negativen Erfahrungen im Hinblick auf das gesamte Familienleben entstanden ist. Dadurch entwickelt sich das Bestreben, derartige negative Erlebnisse zu vermeiden. Dieses Verhaltensmuster ist nicht geschlechtsspezifisch, trifft also auch auf Männer zu. Mathias Fridrich, der schon in frühen Jahren erlebt hat, was es für einen Vater bedeutet, eine 5-köpfige Familie zu ernähren, sah sich der Aufgabe, die Rolle des Familienvaters zu übernehmen, nicht gewachsen. Er wollte aber auch nicht, dass die potenzielle Mutter seiner Kinder in die Lage kommt, in der er seine Mutter erlebt hat. Er erzählt:

*Mein Vater, der ist morgens um vier Uhr aufgestanden, um fünf zum Bahnhof gefahren und dann mit dem Zug in die Stadt zum Amt, wo er gearbeitet hat. Abends spät kam er zurück. Er war 16 Stunden weg. Abends saß er bei der Tagesschau bereits im Nachthemd, so übermüdet war er schon. Es gab die Tagesschau, dann ab ins Bett, morgens um vier wieder raus. Wenn der jetzt noch die Familienprobleme am Hals gehabt hätte, der wäre verrückt geworden. Meine Mutter hat alles von ihm fern gehalten, ganz klar. Unsere Mutter war total überfordert mit uns Kindern. Drei Kinder, dann kam noch der vierte dazu. Der eine Sohn kriegt keine Lehrstelle und der andere geht betrunken zur Arbeit, und der*

*Kleinste hat das alles mitbekommen in der Familie. Ich war der Älteste und musste meiner Mutter beistehen. Mein jüngster Bruder hat später dann mal zu mir gesagt: ‹Ich habe das Gefühl gehabt, du warst froh, dass du endlich von uns weg warst, du wolltest kein Familienvater sein.› Und das stimmte, das wollte ich auch nicht.*

Mathias lässt hier seinen Bruder ein ganz wichtiges Charakteristikum seiner Kindheit beschreiben: Er als Erstgeborener musste die Rolle des Familienvaters übernehmen, eine Rolle, die ihn als kleiner Junge und in einer dazu schwierigen finanziellen und sozialen Situation vollständig überfordert hat. Dies ist auch eine typische Situation, die einige der Befragten schildern. Häufig die ältesten Töchter, aber auch die Söhne müssen im jungen Alter aus unterschiedlichen Gründen der Mutter beistehen, sie ziehen die Geschwister groß, übernehmen den Haushalt oder die Vaterrolle. Solche Situationen entstehen, wenn eine Mutter überlastet oder krank ist und der Vater fast immer abwesend. Viele Kinder sind in dieser Situation überfordert und haben später im Leben das Gefühl: «Ich brauche keine Kinder aufzuziehen. Ich kenne das schon.»

Diese Erfahrung hat auch eine meiner Gesprächspartnerinnen gemacht, die als älteste Tochter von drei Kindern auf einem Bauernhof aufwuchs. Sie hat vor allem die Überlastung der Mutter vor Augen, wenn sie an ihre Kindheit denkt. Und die eigene erlebte Überforderung, die durch die starke Einbeziehung in Haushalt und Geschwisterbetreuung zustande kam. Beides ist Grund genug für sie, in keinster Weise das Leben ihrer Mutter wiederholen zu wollen. Sie versucht in jeder Hinsicht ihr eigenes Leben in Abgrenzung zu ihrer Familie zu gestalten: Ihre Herkunftsfamilie ist die Negativfolie zu ihrem Leben. Ihr Bestreben, aus den Familienstrukturen auszubrechen, und ihre Angst, die Familienstrukturen zu wiederholen, ziehen sich durch ihre gesamte Biographie. Sie verfolgt im Leben ein Thema: «aus dieser Linie meiner Mutter und meiner Großmutter absolut auszubrechen». Und dies macht sie in allererster Weise an der Rolle der Mutter als Mutter fest, d. h. als einer Frau mit Kindern. Wenn ihr Leben nicht so werden soll wie das ihrer Mutter, erzählte sie mir, dann darf sie gar nicht erst in die Situation kommen, Mutter zu werden. Würde sie Mutter werden, würde sie genau das wiederholen, was sie gerade hinter sich lassen wollte.

Auch die Forschung hat sich mit der Frage beschäftigt, ob und welchen Einfluss die Geschwisterreihenfolge auf die Entscheidung hat, keine Kinder zu wollen. Bei dieser Überlegung wurde eben genau von der Annahme ausgegangen, dass Erstgeborene sich in der Kindheit möglicherweise durch die Geschwisterbetreuung überfordert fühlen und die hohe Verantwortung für die jüngeren Geschwister dazu führt, dass diese sich später gegen Kinder entscheiden. Aber auch der fehlende Umgang mit Geschwistern bei Einzelkindern wird als ursächlich für die Entscheidung zur Kinderlosigkeit angenommen. Die wenigen Studien, die untersuchen, ob gewollt Kinderlose im Vergleich zu Eltern tatsächlich häufiger Einzelkinder sind, kommen in diesem Punkt zu unterschiedlichen Ergebnissen, sodass abschließende Aussagen nicht möglich sind. In meiner eigenen Interviewstudie habe ich festgestellt, dass über die Frage nach der Stellung in der Geschwisterreihenfolge nur bedingt Aussagen zu den Erfahrungen in der Herkunftsfamilie zu erhalten sind. Zwar berichten vorwiegend Erstgeborene aus kinderreichen Familien von negativen Erfahrungen in der Herkunftsfamilie, die vor allem aus der erlebten Überforderung der Mutter und der starken Einbindung im Haushalt sowie in der Geschwisterbetreuung resultieren. Dennoch ist aus der Interviewstudie ersichtlich, dass negative Erfahrungen in der Herkunftsfamilie weniger an die Stellung in der Geschwisterreihenfolge oder die Anzahl der Geschwister gebunden sind. Vielmehr sind die Botschaften der Mütter und Väter und die erlebte Familiendynamik ausschlaggebend für die Wahrnehmung sowie das Erleben und die Verarbeitung der Familienerfahrungen. Diese Erlebnisse haben einen starken Einfluss auf die Entscheidung zur Kinderlosigkeit.

Und was ist mit den Vätern?

Die Väter spielen häufig – wie beschrieben – ihr ewige Rolle als abwesende Väter und leisten auf diese Weise ihren Beitrag zum Familiengeschehen. Bemerkenswert ist, dass bei den Frauen, die sich später für ein Leben ohne Kinder entscheiden, auch das absolute Gegenteil der Fall sein kann, in der Weise, dass diese Frauen eine sehr enge Beziehung zu den Vätern haben. Eine meiner Gesprächspartnerinnen beschreibt sich als «Papakind» und als diejenige, die die intellektuellen Träume ihres

Vaters verwirklichte. Sie sollte den akademischen Abschluss erlangen, den ihr Vater nie erreicht hatte. Eine andere übernahm den Traum ihres Vaters, Musiker zu werden. Ihr Vater hatte aus wirtschaftlichen Gründen den Betrieb des Großvaters übernehmen und seine Musikalität zurückstellen müssen.

Eine enge Bindung an den Vater zeigt sich unter anderem auch in unabgeschlossenen Lebensthemen, die die Befragten lange Zeit begleiten und somit starken Einfluss auf die Entscheidung zur Kinderfrage haben. Friederike Rabe schildert, lebenslang den Beweis ihrem Vater gegenüber angetreten zu haben, dass nicht alle Frauen – wie ihre Mutter – finanziell und emotional von Männern abhängig sind, sondern auch ein selbständiges Leben führen können.

> *Wir haben keinerlei Unterstützung bekommen von unserem Vater, finanziell oder in irgendwelcher Art, so etwas gab es bei uns überhaupt nicht. Unter uns Schwestern ist das Verhalten wahnsinnig stark ausgeprägt gewesen, unserem Vater beweisen zu wollen, dass wir ohne ihn können, dass wir es ohne ihn schaffen. Das war bei mir und bei meiner einen Schwester so. Ich denke, es kommt daher, weil er so rigide war und immer gemeint hat, wir Frauen, wir schaffen das nicht, wir müssen Männer haben, die uns durchziehen.*

Den Schilderungen von Friederike zufolge sei der Vater enttäuscht gewesen, dass er statt des gewünschten Stammhalters, den er u. a. für die Weiterführung des Betriebes benötigt habe, «nur» drei Töchter bekommen habe. Über eine selbständige Lebensführung erhofft sich Friederike – wie auch ihre Schwestern –, die lang ersehnte Anerkennung des Vaters zu erhalten, die der Vater aber verweigert. Friederike ist daher sehr bestrebt, nicht in eine mit der Mutter vergleichbare Abhängigkeitssituation zu geraten. Ein Kind birgt aber für Friederike diese Gefahr in sich und steht dem Ziel entgegen, die Wertschätzung des Vaters zu bekommen.

Nach den bisherigen Ausführungen ist vielleicht der Eindruck entstanden, dass viele der Interviewpartner und -partnerinnen eine traumatische Kindheit hatten. Ich möchte hier nochmals ausdrücklich darauf hinweisen, dass auch einige der Frauen und Männer eine so genannte glückliche Kindheit hatten und das Leben ihrer Mütter und Väter bewunderten, auch wenn sie sich später für einen anderen Weg entschieden haben. Eine der Frauen erzählt zum Beispiel, sie habe ihre Mutter bewundert, die ihr Leben ihren fünf Kindern widmete. Bei ihnen zu Hause herrschte eine große Toleranz und Offenheit. Der einzige Grundsatz, der in der Familie eingehalten werden musste, war derjenige, dass man als Familienmitglied das eigene Leben individuell zu gestalten hatte. Nur über Individualität und Kreativität konnte man in dieser Familie die Anerkennung der Eltern bekommen. Und so wurde sie Künstlerin ohne Kinder.

Die befragten Frauen und Männer treffen also die Entscheidung, ob sie mit oder ohne Kinder leben wollen, in einer starken Abhängigkeit von ihren familiären Erfahrungen. Eine enge Beziehung zum Vater oder eine hohe Identifikation mit der Mutter, die unerträglich würde, wenn die Frau selbst Kinder bekäme, können zur Entscheidungsfindung beitragen. Einige überlieferte Leitsätze seitens der Eltern, wie «Führe ein anderes Leben als ich» oder «Sei möglichst kreativ und individuell», werden von den Befragten befolgt. Gegen andere Botschaften, wie «Du wirst nie erreichen, was ich von dir erwarte», kämpfen einige der Frauen und Männer Jahre ihres Lebens an. Die Wiederholung negativer Erfahrungen wird von ihnen vermieden, indem sie sich nicht in die Situation begeben, die die Gefahr einer solchen Wiederholung in sich birgt.

Dennoch ist das natürlich nicht die ganze Erklärung dafür, warum Frauen und Männer sich für ein Leben ohne Kinder entscheiden. Und natürlich ist die Entscheidung gegen Kinder nicht lediglich die Reaktion der Frauen und Männer auf ihre familiären Kindheitserfahrungen oder der Wunsch, die Erfahrungen der Mutter oder des Vaters oder der Gesamtkonstellation «Familie» nicht wiederholen zu wollen. Ihr eigener Charakter, d. h. ihre Persönlichkeit, und die Erfahrungen, die diese Frauen und Männer außerhalb der Familie gemacht haben, die Lebensumstände, in denen sie sich wieder finden, und schließlich die entsprechenden Partner und Partnerinnen tragen auch zu dieser Entscheidung bei.

## «Ich bin kein Muttertyp»

«Ich wusste schon immer, dass ich keine Kinder will. Ich bin kein Muttertyp», erzählte mir gleich zu Anfang Sabine Hansen. Sie schildert, dass ihr bereits in der Kindheit ihre Unabhängigkeit extrem wichtig gewesen sei. Sie sei schon immer eine Einzelgängerin gewesen, die gemacht habe, was sie wollte. Sich nach irgendjemandem richten zu müssen, sich absprechen zu müssen mit Freundinnen oder gar mit einem Mann für die Versorgung und die Betreuung eines Kindes – das weiß Sabine, das ist nicht das, was sie will. Heute ist sie freischaffende Radioredakteurin, hat sich einen Beruf gewählt, in dem sie alleine für sich arbeiten, Aufträge annehmen und ablehnen kann, so wie es ihr gefällt. Diese Freiheit – das ist ihr bewusst – hat sie auch nur, weil sie niemanden mitfinanzieren muss, also nur für sich selbst verantwortlich ist. Außerdem, so sagt sie, hätte sie nie die Zeit gehabt, ein Kind zu bekommen: Ihr Beruf fordert ihre gesamte Zeit, und sie lebt für ihren Beruf.

Auch andere Gesprächspartnerinnen und -partner schildern, dass sie ein ausgeprägtes Bedürfnis nach Unabhängigkeit haben, dass sie dies ihr Leben lang schon gehabt hätten, dass sie damit groß geworden seien und in ihrem Umfeld auch schon immer von den anderen so wahrgenommen worden seien. Der Wunsch, selbständig zu sein, eigene Entscheidungen zu treffen, ist für alle Befragten sehr wichtig, schon immer bestehend und selbstverständlich. Vielfach wird von ihnen selbst ein Zusammenhang zwischen ihrem Wunsch nach Unabhängigkeit und ihren Erfahrungen in der Herkunftsfamilie hergestellt. Zum Teil ist dieses Bedürfnis nach Unabhängigkeit und Selbständigkeit mit der Angst vor Abhängigkeit verbunden, was – wie schon beschrieben – häufig in der Herkunftsfamilie gelernt wurde.

Auch die Forschung findet eine hohe Bedeutsamkeit von Unabhängigkeit bei gewollt kinderlosen Frauen und Männern. Die US-amerikanische Sozialpsychologin Sharon Houseknecht berichtet, dass verschiedene Studien eine höhere Wichtigkeit von Unabhängigkeit bei gewollt kinderlosen Frauen im Vergleich zu Müttern oder Frauen mit Kinderwunsch feststellen. Männer wurden bislang nur wenig untersucht, doch auch bei diesen finden sich vergleichbare Ergebnisse.

Dieses ausgeprägte Bedürfnis nach Unabhängigkeit geht einher mit einem hohen beruflichen Engagement, bzw. der Wunsch nach Selbständigkeit wird über die Berufstätigkeit und die daraus resultierende finanzielle Unabhängigkeit gesichert. Der Wunsch, einen Beruf zu haben, ist bei allen Befragten vorhanden, schon immer bestehend und selbstverständlich. Der Beruf ist dementsprechend auch extrem wichtig für die Befragten. Viele berichten, der Arbeitsaufwand ihrer Berufstätigkeit habe einem Leben mit Kindern entgegengestanden. Häufig haben sie sich auch nicht irgendeine Arbeit, sondern einen Beruf gewählt, der ihnen die Selbstverwirklichung ermöglicht. «Ich wollte eins im Leben: ich wollte schreiben», sagt zum Beispiel einer der Männer, mit denen ich sprach. «Ich wollte reisen, schreiben, berichten», erzählt Sabine Hansen von ihrer Motivation, Redakteurin zu werden. Ebenso wie Mathias Fridrich, der das Schauspielern zu seinem Lebensinhalt gemacht hat, wusste sie, dass sie mit dieser Arbeit immer gerade sich selbst finanziell versorgen konnte.

Oder war es vielleicht umgekehrt, dass sich die gewollt kinderlosen Frauen und Männer durch ihre Entscheidung, keine Kinder zu bekommen, ihre Lebenserfüllung im Beruf gesucht haben?

Für viele schließt sich eine Vereinbarung von Kindern und Berufstätigkeit aus, weil es ihrer Meinung nach wenig Möglichkeiten gäbe, beides miteinander zu verbinden. Eine Gesprächspartnerin zum Beispiel entscheidet sich im Alter von 25 Jahren für eine anspruchsvolle berufliche Laufbahn und für ein Leben ohne Kinder.

*Ich habe einfach die Entscheidung getroffen, entweder Beruf oder Familie. Da war ich noch sehr jung. Ich war in der Ausbildung und wollte einfach weiterkommen. Damals hatte ich die Möglichkeit, selbständig zu werden. Da stand ich dann vor der Frage, soll ich heiraten oder den Beruf weiterverfolgen. Und ich hab mich für den Beruf entschieden.*

Großartige Möglichkeiten, Berufstätigkeit und Familie miteinander zu verbinden, habe es nicht gegeben, erzählt sie weiter. Aber auch wenn es sie gegeben hätte, wisse sie nicht, wie sie sich entschieden hätte. Lachend erzählt sie, das sei auch ganz in Ordnung gewesen, so sei die Sache für sie wenigstens klar gewesen.

Die Ausbildung, das Studium und der Berufseinstieg stellen zunächst besonders für viele Frauen die Gründe für den Aufschub der Familienplanung dar. Zu späteren Zeitpunkten steht für die Befragten entweder weiterhin die Wichtigkeit des Berufes im Vordergrund, oder es treten andere Bedingungen ein, die die Realisierung der Familienplanung verhindern. Subjektiv wird von allen Befragten keine Möglichkeit gesehen, die Kinderpläne umzusetzen. Berufliche Tätigkeiten und die Erfüllung familiärer Verpflichtungen werden von vielen Befragten als nicht miteinander vereinbare Handlungsmöglichkeiten wahrgenommen. Eine Frau erzählt:

> *Ich habe immer gedacht, entweder du machst Karriere, was die Eltern gerne gesehen hätten, oder du heiratest. Ich hatte immer entweder einen Freund, oder ich habe beruflich ein Stückchen mehr erreicht, aber es ging irgendwie nie zusammen.*

Bei einigen der befragten Frauen wird weiterhin deutlich, dass ihr Bedürfnis nach Unabhängigkeit eng mit dem Versuch der Abkehr von der traditionellen Frauenrolle verknüpft ist. Die Wahrnehmung und das Ausbalancieren der eigenen Rolle als Frau im Spannungsfeld zwischen Tradition und modernen Vorstellungen spielen bei einigen Frauen eine wichtige Rolle für ihre Haltung zur Kinderfrage. Malek Shalev – eine in Deutschland lebende Rumänin – ist damit aufgewachsen, dass Kinder selbstverständlich zum Leben dazugehören. Gleichzeitig entwickelt sich bei ihr vor dem Hintergrund der Erfahrungen zu Hause und den Eindrücken, die sie sammelt, als sie nach Westeuropa kommt, ein starkes Bedürfnis nach finanzieller Selbständigkeit. Ihr ist klar, dass sie nicht zu Hause sitzen will mit den Kindern, während ihr Mann das Geld verdient. Denn was ist, wenn er geht, fragt sie sich. Möglichkeiten, Kinder zu haben und wieder arbeiten zu gehen, sieht sie kaum: Ihre Familie ist in Rumänien, sie kann die Kinder nicht, wie dort üblich, bei ihren Eltern abgeben. In Deutschland gibt es nicht viele Ganztageseinrichtungen für Kinder. Sie schildert, wie sie sich im Laufe ihres Lebens immer wieder mit dem Konflikt zwischen ihren traditionellen Wertvorstellungen – «Jedes Mädchen hat irgendwie so Wünsche, Familie und Kinder» – und ihrem Bedürfnis nach Unabhängigkeit auseinander setzt und versucht, eine optimale Balance zu finden. Bei ihr ist deutlich spürbar, dass ihre

Entscheidungsfindung vor dem Hintergrund dieses Konflikts stattfindet, dass zwei sich widersprechende Wünsche in ihr streiten und auch sie sich hin und her gerissen fühlt zwischen einem traditionellen weiblichen Frauenbild und einem modernen Selbstverständnis.

Auch andere Frauen kennen diesen Konflikt, lösten ihn aber ganz anders. Eine Frau schildert, sie sei diesem Konflikt aus dem Weg gegangen, indem sie bis zum Ende ihrer fruchtbaren Phase engere Beziehungen zu Männern und damit das Thema Kinder gemieden habe. Das habe sie aber erst rückblickend erkannt. Eine andere berichtet, den Konflikt bewusst gemieden zu haben und ausschließlich Beziehungen mit jüngeren Partnern eingegangen zu sein, sodass Kinder aufgrund des hohen Altersunterschieds für sie nicht vorstellbar gewesen seien. Erst heute sei sie in der Lage zu formulieren, dass sie damit auch die Auseinandersetzung mit der Kinderfrage sowie die Option einer Elternschaft vermieden habe.

Die Abgrenzung gegenüber der traditionellen Frauenrolle bedeutet für einige Frauen, sich gegen Kinder zu entscheiden. Für Friederike Rabe zum Beispiel ist es von enormer Bedeutsamkeit, dem Vater die eigene Selbständigkeit zu beweisen und sich nicht in die emotionale und finanzielle Abhängigkeit eines Mannes zu begeben. Ihr starkes Bedürfnis nach Unabhängigkeit ist eng mit ihrem Versuch verknüpft, sich von ihrer Mutter und der von ihr dargestellten traditionellen Frauenrolle abzugrenzen. Da nach den Vorstellungen von Friederike Mutterschaft die Gefahr in sich birgt, in die klassische Frauenrolle zu rutschen, entwickelt sie frühzeitig ein Lebenskonzept, das mit Kindern nicht vereinbar ist.

Dagegen ist für Reni Falkenberg eine traditionelle Geschlechterrollenverteilung – Mutterrolle und klassische Frauenrolle innerhalb der Partnerschaft – nicht erstrebenswert, da diese Rollenverteilung ihre persönliche Entwicklung und die geschaffenen Freiräume gefährden würde, die sie sich durch ihre Psychotherapie und die eigene Arbeit geschaffen hat. Aus Angst, diese Freiräume zu verlieren, vermeidet sie Situationen, in denen sie in die alten Muster zurückfallen könnte. Reni hatte das Gefühl, dass sie sich selbst ihr ganzes Leben lang nicht ernst genommen hatte. Für sie hätte ein eigenes Kind die Fortsetzung alter Strukturen bedeutet. Die Ehe der Eltern war nicht glücklich und sie war die Vertraute ihrer Mutter. Ihre Mutter litt unter ihrem Vater, wollte sich aber wegen des Kindes nicht trennen. Sie hatte das Gefühl, dem Glück der Mutter im Weg zu stehen, und deshalb versuchte sie, so gut es ging, der Mutter alles recht zu machen und ihr die ausgesprochenen Wünsche zu erfüllen und die unausgesprochenen von den Lippen abzulesen. Diese Erfahrung war prägend für Reni, sie übertrug sie auch auf andere Beziehungen und lernte nie, eigene Wünsche wahrzunehmen und sich für diese einzusetzen. So sind auf ganz andere Weise für Reni die Erfahrungen in der Herkunftsfamilie für die Entscheidung zur Kinderlosigkeit prägend gewesen. Sie sind nach den Aussagen von Reni ausschlaggebend für die von ihr gesetzte Lebenspriorität, ihr Leben nach ihren Vorstellungen zu leben und sich nicht mehr vorwiegend nach anderen zu richten. Da sie sich nicht in der Lage sieht, diese «Neuerungen» auch in Partnerschaften beizubehalten, bestimmt die Angst, in alte Muster zu verfallen, ihr Verhalten. Sie unternimmt keinerlei Anstrengungen, einen Partner kennen zu lernen.

Dieses ausgeprägte Bedürfnis von Reni, wie auch von Friederike oder anderen, selbst im Zentrum der Aufmerksamkeit zu stehen, sehe ich im Gegensatz zur landläufigen Meinung nicht als eine Form des Egoismus an. Es ist der Ausdruck des Bedürfnisses, sich auf das eigene Leben zu konzentrieren, häufig, wie bei Reni, zum ersten Mal im Leben. Viele Frauen, die kinderlos geblieben sind, berichten, mit dem Vorwurf des Egoismus konfrontiert zu sein. Ich finde solche Vorwürfe anmaßend und wenig Gewinn bringend. Verschiedene Lebensentwürfe sollten weniger gegeneinander ausgespielt werden, es sollten stattdessen gesellschaftliche Bedingungen geschaffen werden, die es ermöglichen, unterschiedliche Lebensoptionen zu realisieren. Menschen sollten nach ihren Wünschen und Bedürfnissen ihr Leben gestalten können, denn eine bunte Vielfalt kann die Gesellschaft nur bereichern. Egoismus findet sich in allen Gruppen der Gesellschaft, unter Kinderlosen und Eltern, und dies alles führt auch nicht weiter in der Diskussion um die Familienpolitik.

Konventionen infrage zu stellen, einen eigenen Kopf zu haben, ist für viele der Gesprächspartnerinnen etwas Normales. Ihnen gefällt es, sich nicht angepasst zu haben, und ein Teil ihres Selbstverständnisses ist es, nicht mit dem Strom geschwommen zu sein und sich ihre Identität bewahrt zu haben. Die Schwierigkeiten, die darin liegen, sind jeder Frau bekannt, denn jede von ihnen kann wiederholte Erfahrungen schildern, wie sie auf Nichteinhaltung der gesellschaftlichen Normen angesprochen und – mit mehr oder weniger deutlichem Druck – auf diese aufmerksam gemacht wurde. Für viele Männer ist dagegen der Druck der gesellschaftlichen Konventionen nicht so spürbar.

Reni ist es sehr wichtig, auszudrücken, dass sie sich mit ihrer Entscheidung nicht einer gesellschaftlichen Verantwortung entzogen habe, und sie betont, ihre Entscheidung habe nichts damit zu tun, dass sie keine Verantwortung habe übernehmen wollen. Sie hat immer sehr viel mit Kindern zu tun, da sie als Lehrerin tätig ist. «Ich habe daher auch in die nächste Generation investiert, in die Bildung unserer zukünftigen Erwachsenen», erklärt sie mir. Ich hatte sie nicht explizit zu diesem Punkt befragt und empfinde daher diese Aussage als eine Rechtfertigung ihrer Lebensform, zu der sie sich gezwungen fühlt. Und letztlich ist es ja auch so, dass diese Meinung landläufig kursiert über diejenigen, die sich für ein Leben ohne Kinder entscheiden. Frauen und Männer, die freiwillig kinderlos bleiben, gelten als egoistisch oder sogar unreif und zudem als Verantwortungsverweigerer/-innen. Diese Bewertungen sind den Befragten sehr präsent, und sie fühlen sich häufiger in den Gesprächen dazu verpflichtet, ihre Entscheidung und ihren Lebensstil zu rechtfertigen. Es ist daher verblüffend, wie viele von ihnen gerade das Verantwortungsgefühl gegenüber Kindern als den Grund benennen, der sie bei ihrer Entscheidung beeinflusst habe. Zum Beispiel schildert einer der Männer Folgendes:

> Ich hatte eine nicht gerade fröhliche Kindheit, mein Vater war zwar nicht Alkoholiker, aber er war Choleriker. Die Ehe meiner Eltern war von vornherein zum Scheitern verurteilt. Die ist dann nachher geschieden worden, und mein Vater hat den Freitod gewählt. Und das hat mich natürlich auch geformt. Darum habe ich mir gesagt, solange ich mich

*nicht um Kinder vernünftig kümmern kann, will ich keine Kinder.*
*Meine Kinder sollen eine andere Kindheit erleben, als ich sie erlebt habe.*

Die negativen Erfahrungen in der Herkunftsfamilie wirken sich bei manchen Befragten als Zweifel an der eigenen Erziehungskompetenz aus. Sie wollen auf keinen Fall weitergeben, was sie selbst erlebt haben, und fühlen hier ein spezielles Verantwortungsgefühl. Eine der Frauen erzählt zum Beispiel:

> *Ich hatte immer Bedenken, dass ich mein Kind am Ende genauso erziehe, wie meine Mutter mich erzogen hat. Das wollte ich nicht. Das kann ich einem Kind nicht zumuten.*

Die Mutter dieser Frau war allein erziehend. Sie führte einen Friseursalon, arbeitete den ganzen Tag und hatte einfach wenig Zeit für ihre Tochter. Diese war meistens alleine zu Hause, sie musste sich das Essen, was die Mutter vorbereitet hatte, aufwärmen und sich viel alleine beschäftigen. Sie hatte das Gefühl, eine Belastung für ihre Mutter zu sein. Die Mutter liebte ihr Kind, war aber oft überfordert und versuchte daher, ihre Tochter möglichst viel bei anderen Leuten unterzubringen. Sie war zudem sehr unsicher in der Erziehung der Tochter, daher häufig inkonsequent und schrie viel herum. Nicht aus Bosheit, sondern einfach, weil sie es nicht besser wusste und immer am Rande der Erschöpfung war.

> *Sie hat sich ständig für mich entschuldigt, weil ich so ein unmögliches Kind war. Sie hat immer an mir herumerzogen. Ich hab einfach mittlerweile gemerkt, dass ich diese Härte oder besser gesagt diese Ungeduld auch habe, und dann hab ich gedacht, das gebe ich dann womöglich auch weiter an das Kind, wenn's mich nervt, und das wollte ich nicht.*

Die Verantwortung für ihre Handlungen zu übernehmen ist allen Frauen und Männern, mit denen ich gesprochen habe, sehr wichtig. Sie machen keine «halben» Sachen, und wenn sie «auch» etwas anderes wollen als Kinder in ihrem Leben, dann entscheiden sie sich lieber für das andere, statt zu versuchen, Kinder in ihr Leben zu integrieren. «Ein Kind hat ein Recht auf bestimmte Ansprüche, und wenn ich diese nicht ganz und hundertprozentig erfüllen kann oder will, ist es besser, ich bekomme keines», ist die Haltung, die einige der Befragten vertreten. Dahinter steht ein sehr idealisiertes Mutterbild, und die Frauen vergleichen ihre Gefühle, die sie zu Kindern haben, mit denen, die ihrer

Vorstellung nach die «optimale» Mutter haben müsste. Die gute Mutter müsste – so die Vorstellung – immer und überall bereit sein, in Anspruch genommen zu werden, und mache es zu ihrer Lebensaufgabe, die Bedürfnisse des Kindes vollständig zu erfüllen. Und dies bereite ihr natürlich ausschließlich und immerzu Freude. Die gewollt kinderlosen Frauen und Männer stellen sehr hohe Ansprüche an sich. «Ich glaube, wenn ich ein Kind bekommen würde, müsste ich bereit sein, meine Zeit zu opfern, müsste mich einfach meinem Kind widmen. Und dazu bin ich nicht bereit.»

Gewollt kinderlose Frauen können und wollen keine Kinder bekommen, weil sie noch andere Lebenspläne und Lebensziele haben, und sehen diese beiden Optionen als unvereinbar nebeneinander stehen. Von gesellschaftlicher Seite wird uns vielfach suggeriert, es sei möglich, den Spagat zwischen der perfekten Ehefrau oder Lebensgefährtin, der attraktiven Liebhaberin und der liebevollen Mutter hinzulegen. Aber auch für die talentierten Turnerinnen unter uns Frauen geht dies nur sporadisch und in besonders guten Zeiten. Auch die Soziologin Rosemarie Nave-Herz stellt in ihrer Studie bei einigen der gewollt kinderlosen Frauen durchaus einen Kinderwunsch fest und kommt zu dem Ergebnis, dass vor allem der Konflikt zwischen gleichrangigen Optionen – also Beruf und Kindern – die eigentliche verursachende Bedingung für die immer wiederkehrende Verschiebung der Einlösung des Kinderwunsches und schließlich die Aufgabe dieser Pläne darstellt.

Die bereits erwähnte Sozialpsychologin Sharon Houseknecht hat die in neunundzwanzig Studien erfassten Antworten auf die Frage nach den Gründen der Entscheidung zur Kinderlosigkeit zusammengestellt. Die Antworten ähneln denjenigen, die ich erwähnt habe:

An erster Stelle wird die größere Möglichkeit der Selbstverwirklichung bzw. die Freiheit von der Verantwortung der Kindererziehung genannt. Eine erfülltere eheliche und partnerschaftliche Zufriedenheit wird an zweiter Stelle als Motiv der Entscheidung zur Kinderlosigkeit angegeben. Die Persönlichkeit des Partners oder der Partnerin und die Qualität der Partnerbeziehung spielen eine große Rolle für die Kinderfrage, wobei auch besonders eine enge und als Bereicherung erlebte Partnerschaft als Grund gegen Kinder angegeben wird. An dritter Stelle wird die Möglichkeit, als Frau Karriere zu machen und finanziell unabhängig zu sein, genannt. Eine geringere Rolle spielen finanzielle Einschränkungen, Zweifel an den elterlichen Fähigkeiten, Geburtsängste und kinderfeindliche gesellschaftliche Bedingungen.

## Die Rolle der Partnerschaft bei der Entscheidungsfindung

Linda Lichtenstein trifft ihre Entscheidung für ein Leben ohne Kinder mit 19 Jahren. Als sie ihren späteren Ehemann trifft, teilt sie ihm von Anfang an mit, dass sie auf keinen Fall Kinder möchte.

> *Für mich war von Anfang an die Entscheidung zur Kinderlosigkeit klar, mein Mann kannte meine Meinung dazu. Es passte sowieso nicht, wegen der Ausbildung und Berufstätigkeit. Das war schon von daher gar kein Thema. Später haben wir dann mal davon gesprochen, bzw. mein Mann fing das Gespräch darüber an. Er meinte, er könne sich Kinder eigentlich schon vorstellen.*

Obwohl sie sich dieser Entscheidung so sehr bewusst ist, wird sie mit Ende 20 schwanger. Ein «Unglücksfall». Für sie eine klare Sache: Sie lässt einen Schwangerschaftsabbruch vornehmen. Für ihren Mann ist es anders: Die Schwangerschaft bietet ihm nochmals die Gelegenheit, mit seiner Frau die Kinderfrage zu diskutieren. Er ist sich nicht so sicher, ob er nicht doch Kinder haben will, und hat Angst, später diese Entscheidung zu bereuen. Die Diskussionen zwischen Linda und ihrem Mann verlaufen nicht sehr fruchtbar. Sie beruft sich auf ihr «Abkommen» aus früheren Zeiten – schließlich hatte sie ja gesagt, sie wolle keine Kinder –, bei ihm dagegen hat sich im Hinblick auf den Kinderwunsch etwas verändert. Linda und ihr Mann trennen sich.

Wie genau die Auseinandersetzungen zwischen Linda und ihrem Mann verliefen, entzieht sich meiner Kenntnis. Bemerkenswert finde ich jedoch, dass sich Linda nach der Trennung und im späten Alter von 44 Jahren sterilisieren lässt. War sie sich zu Beginn der Ehe doch nicht so hundertprozentig sicher, sodass sie sich zu diesem Zeitpunkt noch nicht sterilisieren ließ, oder war die späte Sterilisation Ausdruck ihres Lernprozesses mit ihrem Ehemann: «Schaffe klare Fronten»?

Linda ist ein Beispiel für eine Gruppe von kinderlosen Frauen und Männern, die die Forschung als Frühentscheider/-innen («early articulators») bezeichnet. Diese Gruppe Menschen trifft die Entscheidung gegen Kinder bereits sehr früh (bis Mitte 20) und zudem alleine, also nicht innerhalb der Partnerschaft. Die Entscheidung steht schon fest, bevor Beziehungen eingegangen werden, in denen Kinder ein Thema werden könnten.

Dagegen entscheidet sich Axel Ahrens mit seiner Frau gemeinsam gegen Kinder. Immer wieder hatten sie die Kinderfrage aufgeschoben, weil sie beide eine «gesicherte Existenz» haben wollten, bevor Kinder kommen sollten. Nach einer Zeit, in der beide Partner Zeit und Nerven in den Beruf investiert haben, stehen sie in ihrer Beziehung kurz vor der Trennung. Die Belastungen und der zeitliche Aufwand im Beruf hatten zur Entfremdung in der Beziehung geführt. Enttäuschungen und unausgesprochene Erwartungen waren dazugekommen. Und ihnen gelang, was einige Paare nicht mehr schaffen: ein Neuanfang. Allerdings hatte dieser einen Preis. Sie erfüllen sich einen gemeinsamen Wunsch und kaufen sich eine eigene Wohnung. Dafür opfern sie ihre Kinderpläne. «Wir trauen uns einfach nicht mehr zu, diese Belastung auf uns zu nehmen. Wir sind nicht mehr jung, und wir wissen jetzt: Wir brauchen Zeit für uns.» Bei diesem Paar verlief die Entscheidung, ein Leben ohne Kinder zu führen, ganz anders als bei dem Ehepaar Lichtenstein: Die Entscheidung kam später zustande, und sie wurde innerhalb der Partnerschaft diskutiert und gemeinsam getroffen.

Anhand dieser beiden Geschichten ist erkennbar, dass die Interviewpartner und -partnerinnen auf sehr verschiedene Weise die Entscheidung zur Kinderlosigkeit treffen. Auch wird deutlich, wie unterschiedlich die Rolle des Partners und die Bedeutung der Partnerschaft ist. Bei Linda hatte der Partner keine Bedeutung für ihre Entscheidung, kinderlos zu bleiben. Bei Axel und Meike Ahrens dagegen ist das gemeinsame Gespräch für die Entscheidung ausschlaggebend, und der Beschluss, kinderlos zu bleiben, wird zugunsten der Partnerschaft gefällt.

Die Beziehungen von kinderlosen Frauen und Männern sind sehr unterschiedlich und weisen bezüglich ihrer Ausgestaltung eine hohe Bandbreite auf. Die beiden angeführten Beispiele stellen Extreme dar, natürlich finden sich dazwischen noch andere Varianten. Die Vielfalt reicht von Paaren, die ihre Beziehung auf Distanz leben und große Freiräume in der Partnerschaft brauchen, zu solchen, die sehr enge, symbiotisch anmutende Beziehungen haben. Manche Paare betrachten sich als seelenverwandt, und andere meinen, sie hätten sich gefunden, da sie so gegensätzlich seien. Die gleichen Charakteristika finden sich auch bei Paaren mit Kindern. So gibt es Paare, die sich in ihrem Leben sehr ausschließlich aufeinander beziehen, und andere, deren Verbindung eher von Unabhängigkeit bestimmt ist.

Losgelöst von der Art der Entscheidungsfindung – ob sie gemeinsam oder einzeln getroffen wurde, ob dieser Beschluss stärker von einem Partner ausging oder ob erst nach zahlreichen Gesprächen ein Konsens gefunden wurde – und unabhängig von der Beziehungsgestaltung waren sich die Frauen und Männer, mit denen ich sprach, darüber im Klaren, dass sich ihre Paarbeziehung mit einem Kind zwangsläufig geändert hätte. Die Kinderlosigkeit sei ein wichtiger Teil ihrer Beziehung. Ein Kind verändere eine Liebesbeziehung sehr stark, zu dritt sei es anders als zu zweit. Diese Einschätzungen und Erfahrungen belegen auch verschiedene Studien. Plötzlich ist eben keine Zeit mehr, am Wochenende bis mittags im Bett zu kuscheln, die Gespräche am Abend fallen weg, weil man zu müde ist oder weil einer der beiden Partner gerade «den kinderfreien Abend» hat, bzw. der Abend zu zweit muss minutiös geplant werden. Ein Kind fordert, und manchmal bleibt dann nicht viel Energie übrig für sich selbst, geschweige denn für den anderen und die Beziehung.

Der hohe Stellenwert, den die Paarbeziehung für gewollt Kinderlose hat, findet sich auch in der Begründung ihrer Entscheidung für die Kinderlosigkeit wieder. «Ich hatte Angst, dass sich unsere Beziehung verändert, wenn wir weniger Zeit für uns haben. Dass sie nicht mehr so ist, wie sie jetzt ist», erzählt mir eine der Frauen. Die Befragten berichten, Angst zu haben, durch Kinder könne sich die Qualität der Beziehung verschlechtern, und dass sie deutliche Abstriche machen müssten. Sie befürchten, die Nähe, die sie mit ihrem Partner oder ihrer Partnerin verbindet, nicht in der gewohnten Form aufrechterhalten zu können, und dass das Kind sie entfremde und einen Keil zwischen sie treibe. Häufig haben sie dies im näheren Bekanntenkreis erlebt. «Meine beste Freundin hat ein Kind. Ich habe erlebt, wie sich das Kind auf ihre Beziehung ausgewirkt hat», erzählt eine der Frauen. «Seitdem sind sie nur noch am Checken, wer wann wo das Kind abholt, wer den Einkauf und den Haushalt und das Wickeln übernimmt. Die Beziehung besteht nur noch aus Organisieren. Ich glaube nicht, dass Kinder Paare stärker zusammenschweißen», fährt sie fort.

Aber auch umgekehrt kann die Beziehung, die nicht funktioniert, die finanzielle oder emotionale Unsicherheiten in sich birgt bzw. keinen sicheren Rahmen für ein Leben mit Kindern bietet, ein Grund für eine Entscheidung gegen Kinder sein. So war es zum Beispiel bei einer Gesprächspartnerin, die auch ihr Leben lang vorgehabt hatte, Kinder zu bekommen. Sie verliebt sich mit Anfang dreißig in einen Künstler. Dieser – deutlich älter als sie – ist sich sehr sicher, keine Kinder zu wollen, da ihm seine finanzielle Situation zu unsicher erscheint. Für sie steht das Thema Kinder zunächst auch nicht so im Mittelpunkt ihres Lebens. Sie liebt diesen Mann und verschiebt das Thema auf einen anderen Zeitpunkt. Sie ziehen zusammen, und jeder lebt unabhängig von dem anderen von dem eigenen Gehalt. Immer mal wieder sprechen sie über die Möglichkeit, ein Kind zu haben. Mit ca. 35 Jahren wird ihr klar, dass sie sich entscheiden muss, dass sie die Entscheidung zwischen Mann und Kind nicht weiter vor sich herschieben kann. Mit einem Kind – das weiß sie bereits – würde es finanziell für sie als Paar sehr knapp werden. Außerdem wäre sie vorwiegend für das Kind zuständig, da seine beruflichen Termine nicht mit einem Kind zu vereinbaren sind. Sie müsste ihre große Leidenschaft, das Reiten, aufgeben, da sie sich nicht mehr um das Pferd kümmern könnte. Das alles sind Bedingungen, die ihr Unbehagen bereiten. Bevor die beiden heiraten, überlegt sie länger, wie wichtig ihr die Partnerschaft und wie wichtig ihr der Wunsch ist, mit Kindern zu leben. Sie entscheidet sich für die Partnerschaft.

Ob Frauen und Männer ähnliche Situationen als eigene Entscheidung betrachten oder ob sie ihre Kinderlosigkeit in solchen Fällen als ungewollt erleben, hängt von ihrer Person ab und der Art, mit Ereignissen umzugehen.

Wie sehen die Beziehungen von kinderlosen Paaren aus? Gibt es Unterschiede zu denen von Eltern?

Laut Studien unterscheiden sich Paare ohne Kinderwunsch von Paaren mit Kinderwunsch dadurch, dass sie einen stärkeren inneren Zusammenhalt aufweisen. Die bereits beschriebene sehr enge Beziehung einiger kinderloser Paare resultiert bei manchen auch aus ihrem Wunsch, kinderlos zu bleiben. Eine andere Frau, mit der ich sprach, erzählt zum Beispiel, sehr erleichtert gewesen zu sein, als sie erfahren habe, dass jemand genauso denkt und fühlt wie sie, gerade bezüglich der Kinderfrage. Sie hatte sich immer sehr schuldig und allein gefühlt mit ihrem Wunsch, keine Kinder zu wollen. In einigen Fällen beruht dieser Zusammenhalt auf schmerzlichen Erfahrungen in der Vergangenheit. So hatte sich diese Gesprächspartnerin immer als Außenseiterin erlebt und war dankbar über diese noch nie zuvor erlebte Nähe und das Gefühl der Verbundenheit.

Für andere Paare ist es dagegen das Bedürfnis nach ausschließlicher Aufmerksamkeit und das Gefühl, den Partner nicht teilen zu wollen, das zu einem starken Zusammengehörigkeitsgefühl führt. Diese Frauen und Männer haben große Erwartungen an ihre Zweierbeziehung, fordern viel Aufmerksamkeit und gegenseitiges Vertrauen in ihren Beziehungen und leisten in starkem Ausmaß «Partnerschaftsarbeit», um das Gefühl des Aufgehobenseins, der Nähe und der Exklusivität herzustellen. Diese Bedürfnisse und Wünsche sind bei einigen Eltern wahrscheinlich auch vorhanden, ihre Erfüllung hängt in starkem Ausmaß von den Persönlichkeiten der Kinder und den Möglichkeiten der Kinderbetreuung ab.

Bei gewollt kinderlosen Paaren – so behaupten weitere Forschungsergebnisse – ist häufig das Gefühl, zusammenzugehören, und das Bedürfnis, gemeinsame Interessen zu haben, stärker ausgeprägt als bei Paaren mit Kindern. Sie beschreiben ein stärkeres Bedürfnis, sich innerhalb der Partnerschaft intellektuell auszutauschen, und verfolgen intensiver die eigenen Interessen und beruflichen Ziele. Auch streben sie in stärkerem

Ausmaß gleichberechtigte Beziehungsformen an und fordern fortschrittliche Rollen von ihren Partnern und Partnerinnen. Zudem gehen
Frauen ohne Kinder häufiger als Mütter zusammen mit ihren Partnern
außerhäuslichen Aktivitäten nach und verbringen insgesamt mehr Zeit
mit ihren Partnern. Auch finden sich bei gewollt kinderlosen Frauen im
Vergleich zu Müttern höhere Ansprüche bzw. eine geringere Kompro-
missbereitschaft in der Partnerschaft. Werden ihre Erwartungen nicht
erfüllt, trennen sich die Frauen eher von den jeweiligen Partnern, als
Konzessionen zu machen.

Aber ist dieser Lebens- und Beziehungsstil Ursache oder Folge der
Entscheidung zur Kinderlosigkeit? Denn eines ist klar: Wenn ein Paar
ein Kind oder mehrere Kinder hat, ist meistens wenigstens ein Partner
zeitweise eingeschränkt, die eigenen Interessen und beruflichen Ziele
zu verfolgen. Das Paar mit Kindern wird weniger ausgehen können –
oder es wird nur einer von beiden gehen können, da der andere eben auf
das Kind aufpassen muss. Vielleicht können sie einmal in der Woche
zusammen ausgehen – vorausgesetzt, sie haben ausreichend Geld oder
bereitwillige Helfer. Wer Kinder hat, muss insgesamt mehr Kompromisse im Leben machen, und das gilt natürlich auch für die Beziehungen.
Die geschlechterspezifische Arbeitsteilung ist auch heute noch ein Ergebnis von Kindern.

Insgesamt könnte es also sein, dass keine Unterschiede zwischen Eltern und Kinderlosen im Hinblick auf die Beziehungsgestaltung bestehen und diese vielmehr als Folgen unterschiedlicher Lebensstile zu erklären sind.

In der Literatur wurde häufig vermutet, kinderlose Ehen wären unglück-
licher und die Scheidungsraten höher. Jüngere Studien finden dagegen,
dass kinderlose Paare mit ihrem Leben genauso zufrieden sind wie Paare mit Kindern. Auch in meiner Studie fanden sich keine Unterschiede
in der Partnerschaftszufriedenheit zwischen den gewollt kinderlosen
Paaren und den Eltern. Es gab Paare, die zufrieden waren in ihrer Partnerschaft, und solche, die sich trennten. Bei den Paaren, die sich trennten, war das Kinderthema nicht ausschlaggebend für die Trennung oder
Scheidung. Es gab eine Vielzahl anderer Gründe für die Trennungen,

wie in Ehen oder Partnerschaften mit Kindern auch. Die höheren Scheidungsraten bei kinderlosen Paaren, von denen in einigen Studien berichtet wird, könnten auch darauf zurückgeführt werden, dass es für kinderlose Paare schlichtweg einfacher ist, sich zu trennen, da eben keine Kinder durch die Trennung belastet werden.

Was passiert eigentlich, wenn einer der Partner Kinder will und der andere Partner nicht, ist eine Frage, die bei diesem Thema häufig gestellt wird. Studienergebnissen zufolge besteht bei knapp der Hälfte der Paare Einigkeit im Hinblick auf die Entscheidung zur Kinderlosigkeit; bei der anderen Hälfte hat sich ein Partner gegen Kinder entschieden, während der andere Partner unentschlossen ist. Offene Uneinigkeit ist bei der Entscheidung zur Kinderlosigkeit bei Paaren selten; am häufigsten tritt sie auf, wenn Männer ihre Frauen zur Kinderlosigkeit überreden wollen. Oft äußern Frauen ihr Votum zur Kinderfrage, das dann von den Männern aufgegriffen und unterstützt wird. Männer machen sich scheinbar weniger Gedanken, ob sie Kinder haben wollen oder nicht, und treffen diese Entscheidung in Abhängigkeit von der Erwartung, ob die jeweilige Frau Kinder haben will. Die Erklärung dazu liegt auf der Hand: Frauen sind eben in ganz anderem Ausmaß von der Entscheidung betroffen, da sie häufig eine größere Bedeutung für ihr Leben hat. Auch wenn sich dies zum Teil in den letzten Jahren geändert hat, ist es doch immer noch so, dass sich das Leben der Mütter stärker verändert als das der Väter.

Wenn einer der Partner sich schon in jungen Jahren gegen Kinder entschieden hat, während der andere unsicher ist oder eventuell Kinder möchte, ist es schwieriger, zu einem Konsens innerhalb der Partnerschaft zu gelangen. Im Laufe der Zeit wird eventuell der Kinderwunsch deutlicher. Dann wird es schwierig. Ist der Partner doch noch umzustimmen?

Oft tritt dann eine Phase ein, in der das Kinderthema zunächst häufiger besprochen wird. Der Konflikt um die Kinderfrage kann leicht eskalieren, weil die Positionen der beiden Partner sich zunehmend polarisieren. Nehmen wir hier mal den gängigeren Fall an, dass die Frau den Kinderwunsch hat und der Mann unsicher ist oder entschlossen ist, keine Kinder haben zu wollen. Es passiert nun häufig, dass die Frau im Zuge der Auseinandersetzung und der zunehmenden Konflikteskalation ihre eigenen Ambivalenzen zum Kinderthema gar nicht mehr wahrnimmt, der Mann dagegen aus Trotz und aus der Gesprächsdynamik heraus immer vehementer das Nein zur Kinderfrage vertritt. In solchen Situationen ist es unter Umständen hilfreich, das Thema zunächst eine Weile ruhen zu lassen und die eigene Haltung zu dieser Frage zu überprüfen. Ist der Konflikt entschärft, kommt es bei einigen Paaren zu überraschenden Wendungen. Plötzlich entwickelt der Mann einen Kinderwunsch, oder es kommt zu einer ungeplanten Schwangerschaft, und der Mann wird ein absoluter Kindernarr.

Passiert dies alles nicht, kommt eine Phase für diese Paare, in der tatsächlich jeder für sich entscheiden muss, wie es weitergehen soll. Oft ist es die Frau, die sich zwischen der Partnerschaft und ihrem Wunsch, Kinder zu haben, entscheiden muss.

Diese Entscheidung ist schwierig, zumal die Frau weder weiß, wie ihr Leben mit Kindern später aussehen könnte – hat sie sich da nicht nur in eine Idee verrannt und völlig falsche Vorstellungen? –, noch hat sie den Partner gefunden, mit dem sie diesen Lebenstraum nun realisieren kann. Aber wenn sie sich gegen Kinder entscheidet und es später bitter bereut? Oder sie sich in fünf Jahren dann doch von ihrem jetzigen Partner trennt und sich und ihm anschließend schwere Vorwürfe macht?

Was tun? Weder in die eine noch in die andere Richtung können verschiedene Lebenspläne zusammengebracht werden, die nicht zusammengehören. Das heißt, es nützt weder dem einen Partner, der Kinder will, sich von diesem Lebensplan abbringen zu lassen, noch dem anderen Partner, sich zu Kindern überreden zu lassen. Die Entscheidung muss selbstverantwortlich jeder für sich versuchen zu treffen, um eine spätere Belastung durch Vorwürfe und Klagen gering zu halten. Wie auch immer die Entscheidung ausfällt, ein Preis für die jeweilige Entscheidung wird zu zahlen sein – entweder geht die Beziehung auseinander, oder man macht Kompromisse zugunsten der Partnerschaft. Die Tragweite einer Entscheidung gegen Kinder ist genauso groß wie die Entscheidung dafür – beides lässt sich ab einem bestimmten Zeitpunkt nicht wieder rückgängig machen.

Was können Entscheidungshilfen sein?

Betroffene schildern als Strategien und Schritte zur Entscheidungsfindung, dass sie Gespräche mit Eltern gesucht haben und eine eigene Auseinandersetzung mit der Kinderfrage bewusst angegangen sind. Sie haben zum Beispiel eigene kurzfristige und langfristige Ziele geklärt, das Pro und Contra in der Kinderwunschfrage versucht zu bestimmen oder sogar ein Leben mit Kind ausprobiert, indem sie sich von Freunden ein «Kind ausliehen». Einige Paare kommen zu einer Entscheidung durch den Beschluss einer so genannten legitimen Entscheidungsautorität. Dieser Beschluss berücksichtigt eine stärkere Betroffenheit der Elternschaft seitens der Mutter und gesteht der Frau zu, dass ihre Präferenzen zur Kinderfrage stärker ins Gewicht fallen als die Einstellung des Mannes. Auch in diesem Buch findet sich im letzten Kapitel eine Sammlung von möglichen Aspekten und Fragen für eine Auseinandersetzung mit diesem Thema.

## Rahmenbedingungen und Lebensumstände

Die Partnerschaft, der Beruf, die Arbeitssituation, die Wohnverhältnisse und die Möglichkeiten für eine Kinderbetreuung haben also ganz gewichtigen Einfluss bei der Entscheidung der Kinderfrage.

Allgemein leben wir heute in einer Zeit, in der die Ausbildung länger dauert und der Einstieg ins Berufsleben später erfolgt als bei vorherigen Generationen. Dies kann nicht folgenlos bleiben. Die Ablösung vom Elternhaus wird verzögert, die Selbständigkeit erfolgt später, und die Wahl eines festen Lebenspartners ist flexibler geworden und damit schwieriger. Demzufolge auch eine damit verbundene Auseinandersetzung mit der Kinderfrage.

Mit zunehmendem Alter und besserer Bildung werden berufliche Ambitionen immer virulenter. Arbeitsplätze sind nicht immer nach Wunsch gestaltet oder gar nicht zu finden. Ein Kind bekommen, wenn ich arbeitslos bin? Für einige ist dies eine geeignete Kinderphase, für andere stehen die Ängste, keinen Job mehr zu finden, zu stark im Vordergrund. Erst eine ökonomische Sicherheit und einen festen Arbeitsplatz, dann das Kind, sagen viele. Diese Einstellung ist nicht verwunderlich, denn die neuen Armen sind häufig allein erziehende Mütter.

Auch sind Arbeitsbedingungen zum Teil wenig geeignet, um Beruf und Familie zu verbinden, bzw. die Möglichkeiten der Kinderbetreuung zu wenig ausgebaut. Diese Punkte wurden bereits beschrieben. Auch verhindert die mittlerweile gefragte Mobilität im Berufsleben nicht nur häufig ein Zusammenleben von Paaren in einer Stadt, sondern erschwert die Planung von Kindern. Beengte Wohnverhältnisse und keine unmittelbare Aussicht auf eine bezahlbare Wohnung können ebenfalls Umstände sein, die der Realisierung von Kinderplänen entgegenstehen.

# 6.  Der Entscheidungsverlauf

Die Auseinandersetzung mit der Kinderfrage kann Menschen wie gesagt über einen sehr langen Zeitraum begleiten, und ihre Einstellung zu diesem Thema unterliegt dabei Schwankungen.

Auch bei gewollt kinderlosen Frauen und Männern ist der Verlauf der Entscheidungsfindung selten gradlinig. Vielmehr zeichnen sich dabei verschiedene Wege bzw. Prozesse ab. So gibt es Frauen, die für sich die Möglichkeit, die Mutterrolle zu übernehmen, sehr früh ablehnen. Einige denken immer wieder über diese Entscheidung nach, manche nur sporadisch, andere systematisch. Wiederum andere ziehen die Entscheidung endlos in die Länge oder entscheiden sich gar nicht bewusst.

In der Forschung wurde versucht, die Gruppe der gewollt Kinderlosen anhand ihrer Einstellung zur Kinderfrage und des damit verbundenen Entscheidungsprozesses zu beschreiben. Bisher spricht man von zwei Gruppen gewollt kinderloser Frauen und Männer, den «early articulators» (Frühentscheider/-innen) und den «postponers» (Aufschieber/ -innen). Die erste Gruppe zeichnet sich vor allem durch einen fehlenden Kinderwunsch und durch eine, laut Selbstbeschreibung der Befragten, «bewusste und definitive Entscheidung zur Kinderlosigkeit» bereits zu einem sehr frühen Zeitpunkt im Leben aus. Damit einher geht auch eine fehlende Bereitschaft zum Aushandeln der Kinderfrage innerhalb der Partnerschaft, d. h. die Entscheidung steht bereits fest, bevor eine Beziehung eingegangen wird. Die «postponers» (Aufschieber/-innen) geben dagegen einen Kinderwunsch an, der ihnen wie «selbstverständlich» erscheint. Sie schieben die Kinderpläne auf bestimmte oder unbestimmte Zeit vor sich her und treffen keine explizite Entscheidung für ein Leben ohne Kinder. Häufig beschreiben sie, die Kinderpläne so lange herausgezögert zu haben, bis sie nicht mehr die Wahl gehabt hätten, da äußere Faktoren ihnen die Entscheidung abgenommen hätten. Neben den bereits in der Forschung bekannten zwei Gruppen (Frühentscheider/-innen und Aufschieber/-innen) habe ich bei meiner Studie eine weitere Gruppe gefunden, die ich in Anlehnung an die Namensgebung der anderen beiden als «Spätentscheider/-innen» bezeichnen möchte. Wie ergibt sich nun die Entscheidung gegen Kinder im Lebensverlauf von Frauen und Männern?

Anhand der drei Gruppen sollen hier die unterschiedlichen Entscheidungsprozesse im Verlauf des Lebens von kinderlosen Frauen und Männern beschrieben und die einzelnen Aspekte, die darauf Einfluss nehmen, genau betrachtet werden.

## 6.1 «Für mich war es schon als Kind klar: Ich will keine Kinder»: Wenn Frauen und Männer sich in jungen Jahren für ein Leben ohne Kinder entscheiden (Frühentscheider/-innen)

Sabine Hansen ist Radioredakteurin. Zusammen mit ihrer Zwillingsschwester und ihrem jüngeren Bruder wächst sie bei ihrer allein erziehenden Mutter auf. Schon bevor der Bruder auf die Welt kommt, ist die Mutter mit der Erziehung der Zwillinge überfordert. Obwohl Sabine noch sehr klein ist, spürt sie, dass die Mutter die erneute Schwangerschaft ablehnt und ein liebloses Verhältnis zu ihren Kindern entwickelt. «Ich habe von zu Hause aus eine sehr negative Einstellung zu Kindern mitbekommen. Das Schlimmste, was einem Menschen, also einer Frau passieren konnte, dass sie Kinder bekommt – um Himmels willen! Und: Mache es bloß nicht so wie ich. Das ist, was ich von meiner Mutter mitbekommen habe», erzählt Sabine. «Das war schon der erste Schock, den ich mal bekommen hatte, da war ich noch sehr klein», berichtet sie weiter. Ihre Mutter sei einfach mit den Kindern nicht klargekommen und sei nicht in der Lage gewesen, sie und ihre Geschwister zu erziehen. Häufig seien ihr die Nerven durchgegangen und sie habe sie und die Geschwister geschlagen. Von der Mutter wird ihr deutlich die Botschaft vermittelt: «Führe nicht so ein Leben wie ich.» Der Vater arbeitet auf Montage und ist nur am Wochenende zu Hause. Im Laufe der Zeit verschlechtert sich die Ehe der Eltern, und sie trennen sich, als Sabine in die Pubertät kommt. Ihre Schwester zieht daraufhin zum Vater. Sabine hat nach eigenen Aussagen noch das beste Verhältnis zu ihrer Mutter, hat «noch am meisten Liebe bekommen». Warum, weiß sie nicht genau. Sie sei bereits als Kind «anders» gewesen als die anderen Kinder und auch als ihre Geschwister. Sie sei frühreif gewesen, habe viele Bücher gelesen und sich gerne allein beschäftigt. Vielleicht sei die Mutter um diese Eigenschaften froh gewesen und habe sie daher gegenüber ihren Geschwistern bevorzugt behandelt.

Sabine verspürt schon frühzeitig den Wunsch, ihr Leben anders zu gestalten als in ihrem Umfeld üblich, und entwickelt eine Einstellung, die man allgemein wahrscheinlich als nichtbürgerlich bezeichnen würde. Zu heiraten und Kinder zu bekommen gehört dazu genauso wenig, wie ein Haus zu bauen und eine enge Beziehung zu einem Partner einzugehen. Sie habe schon immer Radioredakteurin werden und viel reisen wollen. «Ich will die Welt sehen und mitbekommen, was die Leute beschäftigt, was sie machen, wie es ihnen geht. Und das sollen die anderen auf dieser Welt mitbekommen – vor allem wenn es Menschen schlecht geht.»

In der Pubertät macht sie sehr früh ihre ersten sexuellen Erfahrungen mit ihrem damaligen Freund. Sie ist nicht richtig aufgeklärt und entwickelt eine starke Angst vor einer möglichen Schwangerschaft. Diese Ängste führen bei Sabine dazu, dass sie – auch nachdem sie aufgeklärt worden ist – beim Sex immer mehrere Verhütungsmittel gleichzeitig verwendet (Pille und Kondom). Sie habe immer auf «Nummer sicher» gehen müssen. «Also für mich wäre das (Schwangersein, d. V.) gleichbedeutend gewesen mit blind sein, mit gelähmt sein und todkrank und alles miteinander», erzählt sie. «Das ist sicherlich übertrieben», fährt sie fort, «aber für mich war das so.» Diese extreme Angst vor Schwangerschaften begleitet Sabine lange Jahre und führt zu ihrem Entschluss, sich sterilisieren zu lassen. Auch nach dem Eingriff ist diese Angst immer noch latent vorhanden. Als einige Jahre nach der Sterilisation ihre Monatsblutung einmal ausbleibt, läuft sie in panischer Angst zum Frauenarzt, um einen Schwangerschaftstest zu machen.

Sabine erzählt, sie habe nie einen Kinderwunsch gehabt. Ausschlaggebend dafür seien die negative Einstellung der Mutter gegenüber ihren Kindern gewesen und die Überlegung, die Erfahrungen der Mutter nicht wiederholen zu wollen. Die Unfähigkeit ihrer Mutter, Kinder zu erziehen, hätte aber auch bei ihr die bedrückende Vorstellung ausgelöst, sie könne die gleichen Fehler bei ihren eigenen Kindern machen. «Und da habe ich einfach Angst gehabt, dass ich auch mal die Nerven verlieren könnte, das würde ich niemandem antun wollen.» Sie fühle sich einer Verantwortungsübernahme für ein Kind nicht gewachsen, habe Angst, nicht mit Kindern fertig zu werden.

Entscheidend für ihre Sterilisation im Alter von 24 Jahren ist ihre Furcht vor einer Schwangerschaft. Die Sterilisation ist für sie die sicherste Methode der Verhütung. Sie beschreibt, diese Entscheidung bewusst und eigenständig getroffen zu haben. Einen Partner habe sie zu diesem Zeitpunkt nicht gehabt. Sie hatte große Schwierigkeiten, einen Arzt und eine Klinik zu finden, wo sie die Sterilisation durchführen lassen konnte, und sie unternimmt einige Anstrengungen für die Realisierung dieses medizinischen Eingriffs.

Sabine hat mehrere langjährige Beziehungen. Mit 31 Jahren verliebt sie sich in einen Mann, der einen ausgeprägten Kinderwunsch hat. Sie erzählt, dass sie sich aus diesem Grund einige Tage Gedanken über ein Leben mit Kindern gemacht habe und sogar überlegte, die Sterilisation rückgängig zu machen. Wirklich Leid habe es ihr allerdings nicht getan, keine Kinder bekommen zu können. Der Kinderwunsch taucht nur in dieser einen Situation in ihrem Leben auf und ist danach nie wieder Thema für sie. Sabine berichtet, seitdem Partner mit Kinderwunsch gemieden zu haben.

### Wie treffen sie ihre Entscheidung?

Die Geschichte von Sabine hat natürlich ihre persönlichen Nuancen, weist aber auch die Momente innerhalb der Entscheidungsfindung auf, die für Frühentscheider/-innen typisch sind.

Die Frühentscheider/-innen treffen alle im jungen Erwachsenenalter (häufig Anfang bis Mitte 20) die Entscheidung für ein Leben ohne Kinder. Im Gegensatz zu den anderen Gruppen berichten sie von keinem selbstverständlichen Kinderwunsch, d. h. von der Vorstellung, dass zu dem eigenen Leben Kinder gehören sollen. Die selbstverständliche Vorstellung von einem Leben mit Kindern entwickelt sich oft in Anlehnung an die Lebensform der Eltern, die für uns zunächst eine Vorbildfunktion hat. Häufig ist ein solcher Kinderwunsch ideell und hat wenig Bezug zu der Realität, d. h., das Lebensmodell Familie existiert irgendwo im Kopf, aber über das Wie und Wann der Umsetzung wird nicht nachgedacht. Die Spätentscheiderin Reni Falkenberg zum Beispiel ist in jungen Jahren noch absolut überzeugt davon, dass sie Kinder haben wird: «Als ich jung war, war das für mich eigentlich keine Frage: Klar würde ich Kinder bekommen.»

Bei Frühentscheider/-innen sieht dies anders aus. Sie geben an, nie einen Kinderwunsch gehabt zu haben, und berichten, sich häufig schon als Kind oder in der Pubertät darüber klar geworden zu sein. Viele beschreiben, dass sie schon in jungen Jahren alternative Lebenspläne entwickelt haben.

Für Sabine hieß das zum Beispiel, ihren Traumberuf als Redakteurin zu realisieren. Vergleichbar mit Sabine geben auch die anderen Frauen und Männer dieser Gruppe an, eine bewusste und endgültige Entscheidung zur Kinderlosigkeit getroffen zu haben, die z. T. durch Maßnahmen unterstrichen wird, die eine definitive Festlegung auf die Kinderlosigkeit verstärken. So lässt sich Sabine eben bereits mit Mitte zwanzig sterilisieren; eine andere Frau macht sich selbständig und übernimmt kurz darauf die Pflege der Eltern, schafft also Rahmenbedingungen, die eine Familiengründung sehr erschweren.

Trotz der frühen und als endgültig beschriebenen Entscheidung ist auch bei dieser Gruppe die Prozesshaftigkeit in der Auseinandersetzung mit der Kinderfrage zu erkennen: So gibt Sabine im Alter von 31 Jahren eine Phase des Kinderwunsches an. Diese erstreckt sich lediglich über eine kurze Zeit (einige Tage), ist aber von einer solchen Intensität, dass sie überlegt, ob sie die bereits im Alter von 24 Jahren vorgenommene Sterilisation wieder rückgängig machen könnte. Trotz der Sterilisation, die ihre Entscheidung für ein Leben ohne Kinder verdeutlichen sollte, handelt es sich offenbar doch nicht um eine unveränderbare Festlegung. Die Kinderfrage kann also auch nach einem scheinbar endgültigen Entschluss gegen Kinder erneut zum Thema werden.

Häufiger ist es allerdings so, dass die Frühentscheider/-innen nicht von solchen Phasen berichten. Insgesamt ist für die Art des Erzählstils dieser Gruppe charakteristisch, dass sie sehr bestimmt ihre Entscheidung als eindeutig und widerspruchsfrei darstellen. So geben fast alle Frühentscheider/-innen an, für sie habe schon immer definitiv festgestanden, ein Leben ohne Kinder führen zu wollen, sie hätten niemals Zweifel an diesem Entschluss gehabt und würden bis heute kein Bedauern verspüren. Sie hätten eine bewusste und endgültige Entscheidung zur Kinderlosigkeit getroffen. In einzelnen Fällen war der Erzählstil so eindrücklich und vehement, dass die Frage berechtigt erscheint, ob die Darstellung glaubwürdig ist. Exemplarisch möchte ich diese These am Beispiel von Linda verdeutlichen. Das energische Beharren darauf, dass sie ihre Entscheidung zur Kinderlosigkeit klar und bewusst getroffen habe, zieht sich durch ihre gesamte Erzählung:

> Solange ich denken kann, war für mich glasklar, ich möchte keine Kinder. Und daran hat sich nie etwas geändert.

Sie schildert, dass weder eine ungewollte Schwangerschaft noch der Kinderwunsch ihres Mannes sie von ihren ursprünglichen Plänen habe abbringen können.

> Für mich war von Anfang an die Entscheidung zur Kinderlosigkeit klar, mein Mann kannte meine Meinung dazu. Es passte sowieso nicht wegen der Ausbildung und Berufstätigkeit. Das war schon von daher gar kein Thema. Später haben wir dann mal davon gesprochen bzw. mein Mann fing das Gespräch darüber an. Er meinte, er könne sich Kinder eigentlich schon vorstellen. Ich wurde dann mit Ende 20 auch mal schwanger. Ein Unglücksfall. Ich habe dann für mich entschieden, einen Schwangerschaftsabbruch vornehmen zu lassen. Das war für mich klar. Ich bin nicht abgewichen von der Ansicht.

Linda lässt sich nach der Trennung von ihrem Ehemann und im späten Alter von 44 Jahren sterilisieren. Neben der ungewollten Schwangerschaft – nach Forschungsergebnissen unterscheiden sich gewollt kinderlose Frauen und Männer von Eltern durch eine effektive und konsistente Verhütungspraxis – trägt auch diese Tatsache zu dem Eindruck bei, dass die Endgültigkeit und die Absolutheit, mit der Linda ihre Entscheidung darstellt, in deutlich geringerem Ausmaß vorhanden gewesen ist, als sie in ihrer Erzählung angibt. Dabei bleibt ungeklärt, inwiefern diese vorgetragene Sicherheit und Endgültigkeit der Entscheidung eine Art Bewältigungsstrategie darstellt oder sich aus der spezifischen Interviewsituation erklären lässt. So vermute ich, dass besonders die Frühentscheider/-innen einem starken sozialen Druck ausgesetzt sind, da sie schon in jungen Jahren und zum Teil mit deutlichen Maßnahmen signalisieren, dass sie den klassischen Rollenanforderungen an eine Frau nicht nachzukommen gedenken. Ich kann mir vorstellen, dass diese negativen Erfahrungen mit dem Zurechtlegen einer «Geschichte» bewältigt werden. Mit dieser «Geschichte» können sie dann die ebenso lästige wie häufig auftauchende Frage danach, ob sie Kinder haben, souverän beantworten. In dieser vorgefertigten und «servierfähigen» Geschichte haben Zweifel und Bedauern keinen Platz. Würden sie derartige Gefühle äußern, wären sie angreifbar und brächten sich selbst in die Situation, die eigene Entscheidung zur Disposition zu stellen und überdenken zu müssen. Darin zeigt sich das sehr menschliche Bedürfnis, Unsicherheiten zu vermeiden – man möchte errungene Entscheidungen nicht gefährden.

Zusammenfassend lässt sich der Verlauf der Entscheidung zur Kinderlosigkeit bei den Frühentscheider/-innen in drei oder fünf Phasen einteilen.

(1) Kein Kinderwunsch

(2) Entscheidung zur definitiven Kinderlosigkeit

(3) Leben ohne Kinder

(4) Bei einigen: Phasen des Kinderwunsches

(5) Leben ohne Kinder

In der ersten Phase zeigt sich, dass ein fehlender Kinderwunsch bei den Frühentscheider/-innen in erster Linie mit ihren schwierigen Erfahrungen in der Kindheit und Jugend zusammenhängt. So haben negative Haltungen seitens des Elternhauses gegenüber den Kindern und allgemeine negative Erfahrungen in der Herkunftsfamilie einen bemerkenswerten Einfluss auf den Entschluss zur Kinderlosigkeit. Ausschlaggebend für den bewussten Entschluss zur Kinderlosigkeit in der zweiten Phase sind bei den Frühentscheider/-innen ein fehlender Kinderwunsch und starke Zweifel an der eigenen Erziehungskompetenz. Somit ist die Verhütungsfrage in diesem Zusammenhang von hoher Bedeutung. Es handelt sich um eigenständige und zunächst als endgültig wahrgenommene Entscheidungen, die mit Maßnahmen einhergehen können, die von einer hohen Entschiedenheit zeugen (zum Beispiel Sterilisation). Es schließt sich eine dritte Phase an, in der ein Leben ohne Kinder geführt wird. Diese Phase kann von unterschiedlicher Dauer sein, einige Frühentscheider/-innen schließen zu diesem Zeitpunkt die Kinderfrage ab.

Bei anderen Befragten kommt es dagegen in einer vierten Phase zu einem kurzfristigen Erleben eines Kinderwunsches. Mit dem Beibehalten ihrer Entscheidung für die Kinderlosigkeit kommt es in der fünften Phase zum endgültigen Abschluss der Kinderfrage.

### Welche Gründe nennen sie für ihre Entscheidung?

Die Gründe reichen von Zweifeln an der eigenen Erziehungskompetenz und der Angst, negative Eigenschaften an die eigenen Kinder weiterzugeben, über die Furcht vor Verantwortungsübernahme gegenüber anderen Menschen bis hin zu einer deutlichen Entscheidung für den Beruf. Interessanterweise stellen vor allem die männlichen Befragten ihren Entschluss für ein Leben ohne Kinder als eine Entscheidung für den Beruf dar, während es mehrheitlich für die Frauen wichtig ist, ihren Entschluss für ein Leben ohne Kinder als verantwortungsvolle Handlung gegenüber den Kindern zu beschreiben.

In den Erzählungen wird von einem Großteil der Frühentscheider/ -innen ein enger Zusammenhang zwischen der Entscheidung für die Kinderlosigkeit und den Erfahrungen in der eigenen Herkunftsfamilie hergestellt. Die eigene Kinderlosigkeit wird als Reaktion auf die in der Herkunftsfamilie weitergegebenen Botschaften erklärt. Einige Frauen berichten, ihnen sei seitens ihrer Mütter vermittelt worden, nicht einen vergleichbaren Lebensweg einzuschlagen. Andere schildern, die eigene Herkunftsfamilie als negatives Vorbild erlebt zu haben und diese Erfahrungen nicht wiederholen zu wollen. Ein Teil berichtet auch, ein Leben mit Kindern habe sie nicht interessiert, sondern sie hätten immer andere Lebensziele verwirklichen wollen.

### Durch welche Lebenseinstellungen zeichnen sie sich aus?

Die Frühentscheider/-innen haben ein deutliches Bestreben, ihr Leben selbständig und frei zu organisieren. Sie schildern häufig, bereits früh zur Selbständigkeit und Unabhängigkeit erzogen oder durch äußere

Umstände dazu gezwungen worden zu sein. Sie seien schon immer anders gewesen als andere Kinder, seien frühreif gewesen oder hätten sich schon früh für eine bestimmte Leidenschaft interessiert, die sie oft ihr Leben lang weitergeführt und zu ihrem Beruf gemacht haben.

In den Erzählungen wird sichtbar, dass das Leben der Frühentscheider/-innen sowohl emotional als auch zeitlich sehr stark durch ihre Berufstätigkeit bestimmt ist. Für viele Frauen schließen sich berufliche Anforderungen und familiäre Verpflichtungen aus. So erzählt zum Beispiel eine Frau:

> Ich habe einfach die Entscheidung getroffen, entweder Beruf oder Familie. Da war ich noch sehr jung. Ich war in der Ausbildung und wollte weiterkommen. Damals hatte ich die Möglichkeit, selbständig zu werden. Da stand ich dann vor der Frage, soll ich heiraten oder den Beruf weiterverfolgen. Und ich hab mich für den Beruf entschieden.

Die Berufstätigkeit stellt für einige den Weg zur Selbstverwirklichung dar und ist Lebensinhalt mit hoher Priorität: Für Mathias Fridrich ist es die Schauspielerei: «Ich habe so viel reingebuttert, an Nerven, an Zeit, an privatem Glück und an Gesundheit. Alles aus Liebe zum Beruf.» Für einen anderen Gesprächspartner ist es das Schreiben: «Ich wollte eins in meinem Leben: Ich wollte schreiben» – und für Sabine Hansen ist es die redaktionelle Tätigkeit.

## Was für Beziehungen führen sie?

Den Erzählungen zufolge haben die jeweiligen Beziehungen und Partnerschaften keine hohe Wichtigkeit im Leben der Frühentscheider/-innen, sie stellen keine unabdingbare Existenzgrundlage für sie dar. Interessanterweise wurde dieser Stellenwert der Beziehung auch insofern bestätigt, als die Frühentscheider/-innen tatsächlich nur sehr wenig über ihre Partnerschaften erzählten. Entscheidungen hinsichtlich Beruf und Lebensplanung wurden von den Frühentscheider/-innen alleine getroffen und nicht im Einverständnis mit den jeweiligen Partnern. Auch wird in keinem der Interviews geschildert, dass den Beziehungen zuliebe Kompromisse eingegangen worden wären. Die geringe Wichtigkeit einer Beziehung im Leben dieser Männer und Frauen wird auch anhand ihrer Selbstbeschreibung deutlich: Ein sich durchziehendes Thema in den Erzählungen der Frühentscheider/-innen ist das Gefühl, allein durchs Leben zu gehen; sie sehen sich mehrheitlich (explizit und implizit) als Einzelgänger/-innen.

Die Art der Beziehungsgestaltung variiert natürlich dennoch, sie ist aber bei allen durch ein gewisses Maß an Distanz geprägt. Trotz zum Teil langjähriger Beziehungen haben die Partner laut eigenen Auskünften keine große Bedeutung für sie. Häufig wird von wenig Kommunikation, gemeinsamen Aktivitäten und von Distanz innerhalb der Beziehungen berichtet. Auch die kürzeren Beziehungen werden als distanziert und z. T. durch viele Auseinandersetzungen geprägt beschrieben. Im Vergleich zur Berufstätigkeit spielen sie untergeordnete Rollen in den Biographien. Die beruflichen Anforderungen bieten für einige eine Möglichkeit, sich der Beziehung zu entziehen. So erzählt der Schauspieler Mathias:

*Während der Beziehung mit meiner damaligen Freundin war ich immer froh, dass ich immer wieder für drei Monate oder länger weg konnte. Unsere Beziehung war so monoton: Sie kam abends hundemüde nach Hause, dann wurde der Fernseher angemacht, und wenn sie mal samstags frei hatte, wurde der Haushalt gemacht und eingekauft und der ganze Samstag war irgendwie verkleckert. Ich wollte immer wieder innerlich weg von ihr. Schauspielern. Ich habe auch eigentlich immer alleine gewohnt, weil ich das nicht anders kannte. Der Koffer stand auf dem Schrank oder unter dem Bett. Mit dem Beruf konnte ich immer wieder weg, von einer Stadt zur anderen, wenn es mir zu eng wurde. Das muss ich einfach können.*

Einige Befragte beschreiben, sie hätten Beziehungen zu Frauen und Männern mit Kinderwunsch konkret vermieden. Es ist zu vermuten, dass auf diese Weise einer möglichen Auseinandersetzung mit der Kinderfrage bewusst aus dem Weg gegangen werden sollte. Eine der Frauen geht nach ihrer ersten Beziehung, in der sie ihren Partner als sehr vereinnahmend erlebt hat, keine feste Beziehung mehr ein. Es entsteht der Eindruck, sie begegnet der Gefahr, in Partnerschaften eine Einschränkung ihrer persönlichen Freiheit zu erfahren, durch die Vermeidung von Beziehungen insgesamt. Der Schauspieler Mathias spricht offen aus, dass er um Frauen mit Kinderwunsch einen Bogen gemacht hat:

> *Ich wollte keine Kinder, und wenn ich eine Frau traf, die welche wollte, dann bin ich sofort weggerannt.*

## 6.2 «Wir brauchen Zeit für uns»: Wenn Frauen und Männer sich mit Mitte dreißig entscheiden (Spätentscheider/-innen)

Axel und Meike Ahrens wachsen in der ehemaligen DDR auf. Sie sind schon länger ein Paar, als sie heiraten. Beide wollen, bevor Kinder kommen, eine gesicherte Existenz und vernünftige Arbeitsbedingungen. Meike ist Krankengymnastin und findet nach der Ausbildung sofort eine Stelle. Die Praxis hat in der Stadt, in der sie leben, einen guten Ruf. Doch der will auch verdient sein: Es wird erwartet, dass die Mitarbeiter/-innen mehrjährige Fortbildungen machen. Die sind nicht nur teuer, sondern kosten auch Zeit und Nerven. Meike ist an vielen Wochenenden unterwegs zu ihren Weiterbildungen. Im Zusammenhang mit der Gesundheitsreform werden ab den 90er Jahren die Stellen als Krankengymnastin knapper. Meike sieht ihre einzige Chance, ihre gut bezahlte Arbeitsstelle zu behalten, darin, sich mit zusätzlichen Weiterbildungen zu qualifizieren. Axel wiederum ist Handwerker und hat einen eigenen kleinen Betrieb. Die Aufbauphase ist besonders hart. Er arbeitet nicht selten zehn Stunden am Tag und auch noch am Wochenende. Nach sechs Jahren arbeiten zwei Gesellen und ein Lehrling bei ihm. Der Betrieb ist größer geworden und wirft auch finanziell mehr ab. Der Druck, unter dem Axel steht, verringert sich jedoch nicht. In dieser ganzen Zeit sind Kinder für Axel und seine Frau kein Thema.

> *Ich muss sagen, die Verhältnisse waren so, dass man sagte, um Gottes willen kein Kind unter diesen Umständen. Das wäre gar nicht denkbar gewesen. Wir haben so viel gearbeitet. Das ganze Leben fand zwischen Betrieb, Fortbildungen von Meike und Baustellen statt. Abends haben wir uns dann getroffen, beide todmüde. Die kurzen Urlaube haben uns aufrechterhalten, für die haben wir gelebt. Meine Güte, war das eine Zeit. Kinder wären undenkbar gewesen.*

Meike entwickelt infolge der beruflichen Belastungen körperliche Beschwerden. Sie bekommt Magenschmerzen, Durchfall und Neurodermitis. Auch Axel merkt zunehmend die Folgen des harten Arbeitstages. Er überlegt, ob er die Firma aufgeben und eine Stelle als Angestellter annehmen soll. Dies – darin sind die beiden sich einig – wäre die einzige Möglichkeit, ihre Kinderpläne umzusetzen. Denn unter anderem aufgrund ihrer gesundheitlichen Beschwerden kann sich Meike nicht vorstellen, halbtags zu arbeiten und alleine ein Kind aufzuziehen. Beide sind sich im Klaren darüber, dass dies aber der Fall sein müsste, wenn Axel die Firma weiter betreiben würde. Die Entscheidung fällt Axel sehr schwer. Er hat nun mehr als 15 Jahre selbständig gearbeitet und kann sich nicht mehr vorstellen, einen Chef zu haben. Auch ihre Partnerschaft hat darunter gelitten, dass beide so viel in den Beruf investiert haben. Sie machen eine schwere Krise durch, aus der sie mit dem Vorsatz hervorgehen, dass sie der Beziehung wieder mehr Zeit einräumen wollen. Axel ist 36 Jahre und Meike 33 Jahre alt, als sie sich gegen Kinder entscheiden. Sie erfüllen sich mit dem Ersparten einen lang ersehnten Traum: eine eigene Wohnung. In der Folgezeit gibt es nur ein Ziel für die beiden: Sie wollen die Wohnung auskosten, sich ausruhen, wieder mehr Zeit füreinander haben und sich nicht unmittelbar neue «Belastungen» aufhalsen. «Wir brauchen Zeit für uns», ist das Fazit von Axel. Gemeinsame Kinderpläne waren damit für die beiden vom Tisch.

### Wie treffen sie ihre Entscheidung?

Im Lebensentwurf der Spätentscheider/-innen gibt es die scheinbar sebstverständliche Vorstellung, eines Tages Kinder zu haben. Dieser Kinderwunsch variiert bei den Frauen in seiner Intensität, und die Umsetzung wird aus unterschiedlichen Gründen für mehr oder weniger lange Zeit hinausgeschoben. Es ist zu vermuten, dass dieser Kinderwunsch stark gesellschaftlich geprägt ist. Bei Friederike Rabe wird dies zum Beispiel aus ihren Schilderungen deutlich, nach denen sich Kinder fast zwangsläufig aus einer Heirat ergeben.

> *Ich habe mit 27 Jahren geheiratet, und so nach zwei, drei Jahren haben wir gedacht: ‹Jetzt könnten wir ein Kind bekommen› – das war selbstverständlich.*

Sie erzählt, einen konkreten Kinderwunsch habe sie allerdings nicht gehabt und auch keine richtige Vorstellung davon, wie ihr Leben mit Kindern aussehen könnte. Bei einer anderen Gesprächspartnerin findet sich die gesellschaftliche Prägung des Kinderwunsches anhand der Schilderung des Bedürfnisses, «dazuzugehören».

*Also, der Gedanke kam dann mit 30 Jahren, als alle Freundinnen um mich herum Kinder bekamen. Es ging darum, dazugehören zu wollen, mehr war das eigentlich nicht.*

Die Realisierung dieses als selbstverständlich angenommenen Kinderwunsches wird zunächst jedoch verschoben, da andere Ziele im Vordergrund stehen. Die Gründe sind individuell unterschiedlich. Beengte Wohnverhältnisse, die berufliche Situation, gesundheitliche Probleme und der Wunsch nach Selbstverwirklichung sowie die Ablösung von alten Familienstrukturen sind einige der Motive, die genannt werden. In dieser Phase sieht keiner der Männer oder Frauen eine Möglichkeit, tatsächlich eine Familie zu gründen. Für viele Spätentscheider/-innen stehen vor allem die Berufspläne in deutlicher Konkurrenz zu ihren Kinderplänen. Die mehr oder weniger stark empfundene Unvereinbarkeit zwischen den beiden Optionen trägt zu einer Verschiebung der Kinderpläne und später zu einer Entscheidung gegen Kinder bei.

Mit Mitte 30 tritt im Leben vieler Spätentscheider/innen ein Ereignis auf, das die subjektive Möglichkeit eröffnet, den Kinderplan zu realisieren. Diese Chance wird von den Frauen und Männern wahrgenommen, sie beschließen aber zu diesem Zeitpunkt – d. h. «vor dem Ablaufen der biologischen Uhr» –, ein Leben ohne Kinder zu führen. Dabei stehen persönliche, berufliche oder partnerschaftliche Ziele im Vordergrund. Reni Falkenberg zum Beispiel entscheidet sich mit 33 Jahren gegen Kinder, weil sie weiterhin ihrer eigenen Person und Selbstverwirklichung viel Zeit widmen möchte:

*Als ich jung war, war das für mich eigentlich keine Frage: Klar würde ich Kinder bekommen. Ich habe sehr früh geheiratet. Nachdem ich mich dann von meinem Mann getrennt hatte, begann für mich die Phase der Selbstfindung. Ich habe zu dem Zeitpunkt eigentlich erst gemerkt, dass ich überhaupt nicht mit dem Leben klarkam. Dann habe ich mich auch erst mal auf keine weitere Beziehung mehr eingelassen, also auf keine feste Liebesbeziehung. Als dann für mich der Punkt kam, wo ich so weit war, mich auf Beziehungen einlassen zu können und an Kinder zu denken, da habe ich gedacht: ‹Ich kann mir gar nicht vorstellen, von morgens bis abends in einer Familie eingebunden zu sein. Ich kann mir nicht vorstellen, für eine Familie zu sorgen, meine Musik aufzugeben und mich so eingeschränkt zu fühlen. Ich habe Angst, dass ich mit Kindern keine Zeit mehr habe, Klavier zu spielen.›*

Ein anderer Gesprächspartner bekommt mit 35 Jahren eine Position als Oberarzt angeboten und entscheidet sich zusammen mit seiner Partnerin, die auch Ärztin ist, die Stelle anzutreten. Für das Paar bedeutet diese Entscheidung auch eine Absage an ihre Kinderpläne, da die Frau nicht bereit ist, ihre beruflichen Ziele ganz aufzugeben und alleine die Kinderbetreuung zu übernehmen. Beiden ist klar, dass er bei dieser Stelle lediglich ein Sonntagsvater für seine Kinder sein könnte und eine Teilung der Pflichten unmöglich wäre. Für Axel und Meike Ahrens stehen – wie zuvor beschrieben – bei der Entscheidung vorwiegend partnerschaftliche Gründe im Vordergrund. Auch eine andere Frau, mit der ich sprach, entscheidet sich zusammen mit ihrem Partner gegen Kinder, nachdem sie zehn Jahre eine Fernbeziehung geführt haben. Sie ziehen aufs Land. «Endlich ganz für uns sein», sagt sie.

Der selbstverständliche, durch gesellschaftliche Normen geprägte Kinderwunsch, der Aufschub dieses Wunsches und die Entscheidung gegen Kinder vor dem Ablaufen der «biologischen Uhr» führen bei einigen der Spätentscheider/-innen zu intensiven Auseinandersetzungen mit der Kinderfrage und zu Zweifeln. Eine Frau erzählt von ihren Erfahrungen:

*Als ich in den OP-Saal zur Sterilisation hineingeschoben wurde, da habe ich gemerkt, dass ich Frauen den Rat geben würde, sich vorher darüber klar zu werden, ob sie wirklich keine Kinder haben wollen. Zu dem Zeitpunkt war gerade mein Vater gestorben und das erste Kind meiner Schwester geboren. Das hat für mich damals das ‹Kommen und Gehen› ausgedrückt, und dieses Thema hat mich dann noch lange beschäftigt.*

Der Prozess der Entscheidung kann sich länger hinziehen, und die Auseinandersetzung mit der Kinderfrage kann in einigen Fällen sogar ein

Leben lang immer wieder auftauchen. Manchmal erleben dann vor allem Frauen das Gefühl, «etwas falsch gemacht zu haben». Reni Falkenberg zum Beispiel erzählt:

> Ich kam immer wieder an Punkte, wo ich sehr geweint habe und dachte, dass ich einfach nicht fähig bin, ein normales Leben zu leben. Damals habe ich auch gedacht, du bist ja keine Frau, wenn du keine Kinder hast.

Viele Frauen können diese Phasen des Bedauerns und des Zweifelns als wichtige Momente für ihren persönlichen Klärungsprozess nutzen und darüber erneute Gewissheit erlangen, dass für sie kein anderer Lebensweg denkbar gewesen wäre. Dabei verändert sich für viele Frauen ihre Vorstellung von Mutterschaft, und die damit verbundenen Begriffe werden davon losgelöst verstanden. Sie schaffen es, ihre Wünsche, wie zum Beispiel fürsorglich zu sein, Nähe zu vermitteln oder enge Beziehungen herzustellen, unabhängig von einer Eltern-Kind-Beziehung zu denken und zu erleben. In den meisten Erzählungen wird jedoch berichtet, dass die Entscheidung zu einem bestimmten Zeitpunkt ohne größere Auseinandersetzungen festgestanden habe.

Zusammenfassend lässt sich der Verlauf der Entscheidung zur Kinderlosigkeit bei den Spätentscheider/-innen in vier Phasen einteilen.

(1) Selbstverständlicher Kinderwunsch
(2) Aufschub der Kinderpläne
(3) Entscheidung gegen Kinder
(4) Leben ohne Kinder

In der ersten Phase steht bei den Spätentscheider/-innen die Selbstverständlichkeit des Kinderwunsches im Vordergrund, die stark von den Herkunftsfamilien geprägt ist. Persönliche und/oder berufliche Gründe sorgen in der zweiten Phase für eine Verschiebung der Kinderpläne. Es schließt sich eine dritte Phase an, in der ein Ereignis eintritt, das die Möglichkeit der Realisierung der Kinderpläne eröffnet. Dieses Ereignis stellt aber für die Befragten den Anlass dar, zu einem Entschluss in der Kinderfrage zu gelangen. Die Spätentscheider/-innen entscheiden sich zu diesem Zeitpunkt vor allem aus beruflichen oder partnerschaftlichen Gründen gegen Kinder und schließen damit die Kinderfrage ab. Hierbei steht einerseits die Erwerbs- und Berufsorientierung in Konkurrenz zu ihren Kinderplänen, und ein mehr oder weniger stark ausgeprägter Konflikt zwischen den beiden Optionen trägt zu dem Beschluss bei. Andererseits treffen einige diese Entscheidung aber auch aufgrund des hohen Stellenwerts der Partnerschaft. In dieser Zeit setzen sich Spätentscheider/-innen nochmals stark mit der Kinderfrage auseinander. In der vierten Phase findet mit dem Beibehalten der Entscheidung die Kinderfrage einen endgültigen Abschluss. Der Beruf, die Partnerschaft und die Selbstverwirklichung spielen anschließend eine bedeutsame Rolle im Leben der Spätentscheider/-innen.

### Welche Gründe nennen sie für ihre Entscheidung?

Ausschlaggebend für die Entscheidung für ein Leben ohne Kinder sind berufliche Gründe, gesundheitliche Beschwerden, der Wunsch nach Selbstverwirklichung und partnerschaftliche Motive. Der Beschluss, keine Kinder zu haben, ist für einige als bewusste Entscheidung für die Paarbeziehung zu sehen: Diese Frauen und Männer möchten ihre Beziehung nach jahrelangen Entbehrungen intensivieren bzw. ihre Zweisamkeit nicht gefährden. Andere befürchten dagegen, mit Kindern in stärkerem Maße von ihrem Ehemann abhängig zu sein und sich stärker gebunden zu fühlen, und treffen vor diesem Hintergrund ihre Entscheidung.

### Durch welche Lebenseinstellungen zeichnen sie sich aus?

Ein ausgeprägtes Bedürfnis nach Unabhängigkeit spielt auch im Leben der Spätentscheider/-innen eine wesentliche Rolle. Dieses Bedürfnis wird vielfach über die Berufstätigkeit oder eine Distanz innerhalb der Partnerschaft sichergestellt. Die Berufstätigkeit hat eine große Wichtigkeit in ihrem Leben. Einige haben sehr anspruchsvolle, vereinnahmende und zeitaufwendige Berufe. Für andere bietet die berufliche Tätigkeit die Möglichkeit, ihre Gefühle auszuleben, zum Beispiel über Kunst und Musik, oder Freiraum für sich und die persönliche Entwicklung zu gewinnen.

## Was für Beziehungen führen sie?

Für einige Spätentscheider/-innen hat die Partnerschaft eine sehr große Bedeutung. Sie erzählen viel über ihre Partnerschaften und dass sie wichtige Lebensentscheidungen beruflicher Art oder zur Kinderfrage im Einverständnis mit den jeweiligen Partnern getroffen hätten. Auch treffen einige zugunsten ihrer Paarbeziehung die Entscheidung gegen Kinder. Umgekehrt vermeiden manche auch enge Beziehungen, um auf eigene Freiräume nicht verzichten zu müssen oder weil sie sich vor zu starken Gefühlen schützen wollen. Reni Falkenberg erzählt, sie habe nach der Scheidung von ihrem Ehemann keine neue Beziehung zugelassen, da sie Angst gehabt habe, in eine – wie sie sagt – «schlechte» Beziehung zu geraten, in der sie zu kurz käme.

*Ich hatte sehr viele Jahre große Angst, mich auf eine Beziehung einzulassen. Ich wollte keine Beziehung zu dem Zeitpunkt haben. Ich habe damals gedacht, jetzt will ich mich erst mal um mich kümmern.*

Eine andere Frau schildert, dass sie nach der Trennung von ihrer ersten großen Liebe das Gefühl gehabt habe: «So ganz kriegt mich keiner mehr.» Entsprechend sei die Beziehung zu ihrem Ehemann auf Distanz angelegt. Sie habe das Bedürfnis, in der Beziehung ein Gefühl von Unabhängigkeit bewahren zu müssen und zu wollen. Das gebe ihr das Gefühl, in der Partnerschaft «in einer inneren Freiheit» zusammen zu sein. Heute kann sie benennen, dass sie sich aus diesem Grund auch gegen Kinder entschieden hat. Mit Kindern sei man schrecklich abhängig in einer Beziehung.

Die Beziehungen der Spätentscheider/-innen sehen unterschiedlich aus: Einige sind durch Nähe und Geborgenheit charakterisiert, andere dagegen von größerer Distanz, größerem Freiheitsgrad und Unabhängigkeit der beiden Partner bestimmt. In einigen Ehebeziehungen verbringen die Partner zum Beispiel fast ausschließlich Zeit miteinander. Neben der Arbeitszeit sind die Paare kaum voneinander getrennt, sie unternehmen wenig mit Freunden und genügen – wie man so schön sagt – ganz sich selbst. Andere gestalten dagegen ihre Beziehungen weitgehend unabhängig voneinander. Friederike Rabe und ihr Ehemann zum Beispiel leben aufgrund ihrer unterschiedlichen Arbeitszeiten ihr Leben weitgehend allein: Jeder habe sein eigenes Leben, erzählt sie. Während der Woche würden sie und ihr Partner sich kaum sehen. Bis heute gebe es eine klare Kassentrennung innerhalb der ehelichen Gemeinschaft.

## 6.3 «Ich habe mich nie entschieden, es hat sich so ergeben»: Wenn Frauen und Männer sich nie entscheiden (Aufschieber/-innen)

Malek Shalev ist in Rumänien aufgewachsen. Sie stammt aus einer Familie, in der Traditionen einen großen Stellenwert haben. Für die Mutter gehören Heirat und Kinder zum Leben einer Frau, und mit diesen Werten wächst auch Malek zusammen mit ihrer Schwester auf. Schon früh merkt sie, dass ihr das ländliche Leben zu beschaulich ist. Ihr sehnlichster Wunsch ist es, ins Ausland zu gehen und aus der dörflichen Eintönigkeit auszubrechen.

*Jedes Mädchen hatte irgendwie Wünsche nach Familie und Kindern. Und so wie bei jedem Mädchen war es bei mir auch. Ich komme aus Rumänien, da ist sowieso zweimal Familie. Die Familie ist etwas Besonderes. Kinder sollte man haben, und zwar möglichst kurz nachdem man geheiratet hat.*

Sie heiratet früh, mit 20 Jahren. Nach der Heirat beschließen ihr Mann und sie, nach Westeuropa zu gehen und die Kinderpläne erst mal zu verschieben.

*Es war nicht geplant, ein Leben ohne Kinder zu führen. Es war klar, dass wir irgendwann Kinder kriegen würden. Aber erst mal wollten wir ins Ausland gehen. Es ging überhaupt nicht darum, dass wir sofort Kinder bekommen müssten. Ich war 20, als ich heiratete, daher habe ich mir gesagt, es ist ja noch genug Zeit. Und als wir hierher kamen, da hab ich auch gesagt, gut, mit 25, 28 kann man auch noch Kinder bekommen, und wenn ich 30 bin, dann ist es auch noch o. k.*

Nach einer einjährigen Europareise ist für beide klar, dass sie in Deutschland leben wollen. Die Kinderpläne werden also nochmals verschoben. Diesmal, um den Umzug nach Deutschland zu organisieren und die finanziellen Belange zu regeln. Wenig später hat das Ehepaar sich zum Ziel gesetzt, eine Logopädie-Praxis zu eröffnen, weswegen die Kinderpläne erneut vertagt werden. Dies alles sei zwischen ihr und ihrem Mann immer wieder besprochen worden. Malek erzählt, sie habe in der ganzen Zeit immer wieder Angst gehabt, von ihrem Mann verlassen zu werden und allein mit Kindern in einem fremden Land dazustehen. Nach acht Jahren geht die Ehe auseinander. Malek ist 28 Jahre alt. Nach der Trennung habe sie zunächst nichts von Männern wissen wollen. Das Thema Kinder ist für sie erst mal «ausgesetzt», d. h. Malek wollte keine Kinder, aber die Frage war damit nicht abgeschlossen oder beantwortet. Auch später habe sie sich auf keine intensiven Beziehungen mehr eingelassen und habe zu Beginn neuer Partnerschaften deutlich gemacht, dass sie keine Kinder wolle.

> *Ich glaube, ich habe auch nicht zugelassen, dass die Beziehungen so intensiv werden, dass man irgendwo sagt: ‹O. k., und jetzt denken wir noch an ein Kind.›*

Sie führt noch mehrere Beziehungen von unterschiedlicher Dauer, lebt jedoch allein. Sie berichtet, dass sie sich mit keinem der Männer habe vorstellen können, ein Kind zu bekommen. Weiterhin erzählt sie, sie habe einen Partner für sich und nicht einen Vater für ihre Kinder gesucht. Kinder seien einfach kein Thema in ihren Partnerschaften nach der Ehe gewesen. Sie habe aber auch nicht entschieden, kinderlos zu bleiben.

### Wie kommt es bei ihnen zu einem Leben ohne Kinder?

Auch die Aufschieber/-innen geben an, wie selbstverständlich Kinderwünsche gehabt zu haben, die sie aus persönlichen, beruflichen und partnerschaftlichen Gründen auf (un)bestimmte Zeit verschieben. Eine Teilgruppe der Aufschieber/-innen gibt an, dass in ihren Partnerschaften oder Ehen eine mehr oder weniger explizite Übereinkunft zwischen beiden Partnern bestand, Kinder zu einem späteren Zeitpunkt zu bekommen. Nach der Auflösung dieser Ehen bzw. Partnerschaften (Trennung, Tod des Partners) finden sie keine geeignete Mutter oder keinen geeigneten Vater für ihre Kinder. Die andere Teilgruppe der Aufschieber/-innen schildert, innerhalb der gesamten fertilen Phase keinen Partner gefunden zu haben, mit dem Kinder vorstellbar gewesen seien.

Letztendlich aber bestimmt in beiden Teilgruppen die Gestaltung und das Erleben der Partnerschaften die Kinderlosigkeit.

Zwischen dem 20. und dem 35. Lebensjahr steht bei den Aufschieber/-innen der Kinderwunsch hinter anderen Zielen zurück. Aus persönlichen Gründen (alternative Ziele) oder Situationsgründen (kein Partner) wird keine Möglichkeit gesehen, den Kinderwunsch in einen Kinderplan umzusetzen. Malek zum Beispiel möchte in Absprache mit dem Ehemann vor der Realisierung der Kinderpläne ihren Traum verwirklichen, im Ausland zu leben. Anschließend zieht sie zusammen mit ihrem Mann nach Deutschland, und das Paar baut sich eine gemeinsame Existenz auf. Die Kinderpläne werden erneut verschoben und werden ein drittes Mal vertagt, als die beiden eine Praxis eröffnen wollen. Sie trennen sich vor der Eröffnung der Praxis. Malek berichtet, nach ihrer Ehe nie wieder Nähe in einer Partnerschaft zugelassen zu haben. In einem anderen Gespräch erfahre ich von einem Mann, dass er und seine damalige Freundin bereits Hochzeit und Kinder geplant hatten, als er für eine berufliche Weiterbildung für ein halbes Jahr ins Ausland geht. Nach seiner Rückkehr hat seine Freundin jedoch einen anderen Freund und sie trennen sich. Dieser Mann erzählt, dass bis heute seine erste Partnerschaftserfahrung mit Anfang 20 für ihn ein abschreckendes Beispiel für Beziehungen insgesamt darstelle. Er schildert, dass er sich nach dieser Enttäuschung nicht mehr auf Beziehungen eingelassen habe aus Angst, erneut verletzt zu werden. Eine andere Frau, mit der sich die Kinderpläne realisieren ließen, gibt es in dem Leben dieses Mannes nicht mehr. Nach den Trennungen finden die Aufschieber/-innen nach eigenen Aussagen keine geeigneten Partner.

Die andere Gruppe der Aufschieber/-innen berichtet, innerhalb ihrer gesamten fertilen Phase keinen Partner oder keine Partnerin gefunden zu haben, mit dem oder der Kinder vorstellbar waren. Diese Frauen und Männer warten also bis Mitte oder Ende 30 auf den «geeigneten» Partner, mit dem sie Kinder bekommen wollen. Eine der Frauen zum Beispiel hat gleichzeitig verschiedene Partner, keiner jedoch erscheint ihr geeignet als Vater ihrer Kinder.

*Für mich wäre es nie infrage gekommen, unehelich ein Kind aufzuziehen. Ein Kind braucht Mutter und Vater. Ich selbst war eben nie in der*

*Lage, dass ich einen Mann gehabt hätte, bei dem ich gesagt hätte: ‹Gut, den möchte ich heiraten.› Ich hatte zwar immer Freunde, aber es war nie so, dass ich gesagt hätte: ‹Das ist jetzt der Mann fürs Leben, mit dem würde ich gerne Kinder wollen.› Und so hat sich das eben hingezogen.*

Eine andere Frau wartet auch auf den «Richtigen» und wird darüber immer älter. Sie heiratet mit 43 Jahren einen Mann, der bereits Kinder hat.

*Wenn man jung ist, da denkt man: ‹Irgendwann wird schon einer kommen, den du dann heiratest, und dann wird es sich von alleine entwickeln.› Aber solange der nicht da war, hatte ich auch keinen Kinderwunsch. Dann wurde ich älter und älter, und irgendwann ist man 35, 38 und dann war der Mann immer noch nicht da.*

Andere Frauen und Männer finden entweder keinen Partner, oder der einzige Mann, mit dem Kinder vorstellbar waren, verstirbt, oder sie finden ihn zu spät. Die große Liebe einer der Gesprächspartnerinnen stirbt sehr früh an den Folgen eines Autounfalls. Sie hat zwar noch mehrere Beziehungen, aber niemanden, mit dem sie sich Kinder gewünscht hätte.

Diese Wahrnehmung, keine Möglichkeit zu haben, den Kinderwunsch umzusetzen, bleibt über die gesamte fertile Phase bestehen. Die Gründe können gleich bleiben oder sich ändern. Die Aufschieber/-innen überbrücken diese Phase des Wartens auf den «richtigen» Mann oder den «richtigen» Zeitpunkt vor allem mit beruflichem Engagement. Die Kinderpläne sind dabei in dieser Phase wie «ausgesetzt». Sie können nicht umgesetzt werden, da kein Partner zur Realisierung dieser Pläne zur Verfügung steht. Gleichzeitig ist aber auch keine Entscheidung gefällt worden, keine Kinder haben zu wollen.

Nach eigenen Aussagen hat bei einem Teil der Aufschieber/-innen die Angst vor Abhängigkeit immer wieder zu einem erneuten Aufschieben der Kinderpläne beigetragen. Sie berichten, sie hätten keine Beziehungen zugelassen, in denen Kinder vorstellbar gewesen wären. Letztliches Aufschubmotiv und Ursache der Kinderlosigkeit ist nach den eigenen Schilderungen in beiden Gruppen das Fehlen des geeigneten Partners. Sind es bei den Gesprächspartnerinnen und -partnern mit längeren Partnerschaften unabgeschlossene Beziehungsgeschichten und die fehlende Verarbeitung von Trennungserfahrungen, entsteht bei den anderen Befragten der Eindruck, als seien Beziehungen, in denen Kinder ein

Thema sein könnten, vermieden worden. Ausschlaggebend ist die Angst vor Enttäuschungen und vor dem Verlust der Sebständigkeit, also auch die Befürchtung, durch Kinder die Berufstätigkeit aufgeben zu müssen und in eine ungewollte Abhängigkeit zu geraten.

Für die Aufschieber/-innen hat der Beruf in dieser Phase einen hohen Stellenwert: Zur Sicherung der eigenen Unabhängigkeit und als Puffer bzw. Mittel der Vermeidung einer Konfrontation mit dem Kinderthema. Diese Phase kann bis zum Abschluss der fertilen Phase anhalten. Einige Frauen und Männer setzen sich aber auch zwischen dem 35. und dem 40. Lebensjahr erstmalig bewusst mit der Kinderlosigkeit auseinander und spüren Zweifel und Bedauern, keine Kinder zu haben. Eine Frau berichtet:

> Ich bin jetzt bald 50 und nicht unglücklich darüber, dass ich keine Kinder habe. Es gab lediglich mal eine ganz kurze Zeit in meinem Leben, das hat wohl jede Frau mal, dass sie so zwischen 35 und 40 denkt: ‹O Gott, war das jetzt auch wirklich alles in Ordnung, was ich gemacht habe, weil jetzt ist es dann demnächst vorbei mit dem Kinderkriegen.› Und da habe ich mich nochmal hingesetzt und nachgedacht.

Zweifel oder eine gedankliche Auseinandersetzung werden jedoch nicht von allen Aufschieber/-innen geschildert. Im Gegenteil: Es ist mehrheitlich der Fall, dass die definitive Kinderlosigkeit «einfach so» festgestellt wird und der Übergang von Phasen, in denen für die Befragten klar war, dass sie noch Kinder bekommen werden, zur definitiven Kinderlosigkeit ohne große Auseinandersetzungen verläuft. Die Aufschieber/-innen bleiben letztlich aufgrund äußerer Gründe (Operationen, medizinische Gründe oder Menopause) definitiv kinderlos.

Zusammenfassend lässt sich der Verlauf der Entscheidung zur Kinderlosigkeit bei den Aufschieber/-innen in drei oder vier Phasen einteilen:

(1) Selbstverständlicher Kinderplan
(2) Aufschub der Kinderpläne
(3) Aussetzen der Kinderpläne
(4) Abschluss der Kinderfrage durch äußere Gründe

In der ersten Phase zeigt sich die Selbstverständlichkeit des Kinderwunsches bei allen Aufschieber/-innen. Dennoch wird der Kinderwunsch

aus persönlichen und beruflichen Gründen in der zweiten Phase aufgeschoben. Nach eigenen Aussagen hat die Angst vor Abhängigkeit in der
Partnerschaft bei den Aufschieber/-innen immer wieder zum Aufschub
beigetragen. Auch ist der Konflikt zwischen Beruf und Kindern bzw. die
Befürchtung, die Berufstätigkeit aufgeben zu müssen, dafür ausschlaggebend, dass die Kinderpläne nicht umgesetzt werden. Diese Phase
kann bis zum Abschluss der Kinderfrage durch die Beendigung der fertilen Phase anhalten. In der dritten bzw. vierten Phase setzen sich einige
der Aufschieber/-innen aufgrund der ihnen begrenzt verbleibenden Zeit
zum Kinderkriegen erstmalig bewusst mit der Kinderfrage auseinander.
Äußere Umstände beenden dann die Kinderfrage.

### Welche Gründe nennen sie für ihre Entscheidung?

Die Aufschieber/innen schildern, keine Entscheidung gegen Kinder getroffen zu haben. Im Gegensatz zu den anderen Gruppen werden die
äußeren Umstände für die Kinderlosigkeit verantwortlich gemacht. Als
ursächlich für die Kinderlosigkeit beschreiben alle Aufschieber/-innen
das Fehlen eines geeigneten Partners, unabhängig davon, ob Partnerschaften bestanden oder nicht. Sie äußern explizit, die Kinderlosigkeit
habe «sich so ergeben», sie selbst hätten wenig Einflussmöglichkeiten
auf den Verlauf der Entscheidung zur Kinderlosigkeit wahrgenommen.
Exemplarisch soll dies an der Erzählung von Malek dargestellt werden.

> *Das war so eine Entwicklung bei uns, und da konnte man auch nichts
> machen dagegen. Ich habe immer gedacht: ‹O. k. und wenn die Praxis
> läuft, kommen die Kinder, das ist in Ordnung, das kommt.› Als ich ge-
> sehen habe, das kommt nicht, habe ich gesagt: ‹Gut, das kann ich nicht
> ändern.›*
>
> *Ich denke, dass Gott bestimmten Leuten bestimmte Wege zeigt, und
> wenn dieser Weg da ist, dann geht man diesen Weg. Da gibt es bestimm-
> te Sachen, und auf anderes musste ich verzichten. Ich denke, dass es so
> sein sollte, dass ich keine Kinder kriege. Wenn er gewollt hätte, dass ich
> Kinder kriege, hätte ich's schon geschafft. Ich mache heute andere Sa-
> chen, die vielleicht genauso wichtig sind, und andere kriegen Kinder.*

## Durch welche Lebenseinstellungen zeichnen sie sich aus?

Bei allen Aufschieber/-innen findet sich ein ausgeprägtes Bedürfnis nach Selbständigkeit, das häufig über die Berufstätigkeit und über eine finanzielle Unabhängigkeit gesichert wird. Der Wunsch, selbständig zu sein, eigene Entscheidungen zu treffen und einen Beruf zu haben, ist für alle Aufschieber/-innen sehr wichtig, schon immer bestehend und selbstverständlich. Er ist häufig mit der Angst vor Abhängigkeit verbunden. So erzählt zum Beispiel Malek:

> *Ich habe gelernt, nicht abhängig von einem Mann zu sein. Daher war bei dem Gedanken ‹Wir wollen Kinder› im Hintergrund immer die Angst: ‹Was passiert, wenn er geht und ich dann allein mit den Kindern dastehe?› Ich bin alleine hier, ich habe keine Eltern, die mir meine Kinder hüten, also dann müsste ich aufhören zu arbeiten. Finanziell gesehen wäre mir das zu unsicher.*

Bei einigen Frauen wurde in den Gesprächen sehr deutlich, dass sie die als finanziell und emotional abhängig erlebte Situation der eigenen Mutter auf keinen Fall wiederholen wollen. Sie möchten deswegen ihre Selbständigkeit nicht aufgeben.

Alle Aufschieber/-innen betonen die Wichtigkeit einer Ausbildung, eines Studiums und der Berufstätigkeit. Diese stellen auch Gründe für das Verschieben der Kinderpläne dar. Auch wird eine Vereinbarkeit von Beruf und Familie als nicht realistisch angenommen.

> *Ich habe immer gedacht, entweder du machst Karriere, was die Eltern gerne gesehen hätten, oder du heiratest. Ich hatte immer entweder einen Freund, oder ich habe beruflich ein Stückchen mehr erreicht, aber es ging irgendwie nie zusammen. Es ging nie zusammen.*

Andere suchen nach Wegen, fortschrittliche Ideen und ein modernes Selbstverständnis als Frau mit den Familienanforderungen zu verbinden, und finden nie den richtigen Partner, um diese Lebensmodelle umzusetzen.

## Was für Beziehungen führen sie?

Die Partnerschaft ist für den Verlauf der Entscheidung zur Kinderlosigkeit für alle Aufschieber/-innen ein wichtiges Thema. Im Unterschied zu den Erzählungen der Spätentscheider/-innen und der Frühentscheider/-innen wird die eigene Geschichte anhand der Beziehungsgeschichten erzählt. Das Fehlen des Partners, mit dem Kinder vorstellbar sind, bildet den roten Faden der Erzählungen, unabhängig davon, ob die Frauen und Männer langjährige Beziehungen hatten oder nicht. Grundlegendes Beziehungsthema beider Gruppen (Personen mit und ohne langjährige Partnerschaften) ist die Angst vor Abhängigkeit. Abhängigkeit in Beziehungen wird auf verschiedene Weise vermieden: entweder indem Kinderpläne in Beziehungen nicht realisiert werden, weil sie stärkere Bindungen beinhalten, oder indem Beziehungen, in denen Kinder Thema werden könnten, gemieden werden. Diese Vermeidungsstrategien können auch nacheinander auftreten.

Malek zum Beispiel berichtet, dass die Umsetzung der Kinderpläne u. a. immer wieder aufgeschoben wurde, weil sie eine stärkere Abhängigkeit von ihrem Mann vermeiden wollte, die durch die Realisierung der Kinderpläne in ihren Augen entstanden wäre. Eine andere Frau geht während der gesamten Phase, in der sie die Kinderpläne aufschiebt, ausschließlich Beziehungen mit jüngeren Partnern ein, in denen Kinder für sie aufgrund des hohen Altersunterschieds nicht vorstellbar sind. Sie schildert große Angst vor dem Verlassenwerden. Nach ihrer Entscheidung zur Kinderlosigkeit führt sie erstmalig eine Beziehung mit einem gleichaltrigen Partner, der bereits Kinder hat.

> Meine Freunde waren meistens zehn Jahre jünger als ich. Wir sind viel verreist und viel auf Achse gewesen. Mit diesen Männern hätte ich kein Kind bekommen wollen. Auch wenn jetzt einer gesagt hätte, er wollte gern mit mir ein Kind, ich hätte es nicht gemacht, weil die alle so jung waren. Da wäre ich irgendwann alleine gewesen. Einen gleichaltrigen Partner hatte ich zu dem Zeitpunkt nie. Was einem mit einem zehn Jahre jüngeren Mann passiert, das kann man sich an zwei Fingern ausrechnen: Das geht eine gewisse Zeit gut. Dann aber haben die Männer den Drang, sich doch wieder attraktive Frauen auszusuchen, also nicht

*gerade eine zehn Jahre ältere Frau. Wenn die Männer 40 sind und sie haben dann eine 50-jährige Frau zu Hause – auch wenn sie noch so hübsch ist –, gucken die dann doch nach den 30-jährigen Frauen. Und das Risiko will ich nicht mehr eingehen.*

Bei anderen Frauen ist die Angst, sich in dem Spannungsfeld zwischen Beruf und Kindern zu zerreißen bzw. in Beziehungen ihre Selbständigkeit nicht erhalten zu können, bestimmend für die Vermeidung von Beziehungen, in denen Kinder möglich wären.

*In der Zeitung ist mal ein Artikel gewesen über Frauen, die mit allen möglichen Tricks und Umwegen es hinkriegen, sich so lange nicht endgültig zu binden, wie der Kinderwunsch eine Rolle oder wie Kinder eine Rolle spielen können. Und wenn diese Phase vorbei ist, dann geht das plötzlich doch. Das ist es genau, was ich gemacht habe. Weil ich mich unbewusst diesem Konflikt zwischen Berufstätigkeit und Ehe und Kindern nicht stellen wollte.*

Auch ist die Angst sehr groß, mit Kindern die erworbene Selbständigkeit und das neue Rollenverständnis als Frau in der Partnerschaft zu verlieren. Dies könnte auch ein Grund sein, weswegen sich zum Beispiel Malek nach der Trennung von ihrem Mann auf keine Partnerschaft mehr einlässt.

Beziehungen werden auch gemieden, weil die Angst vor erneuten Enttäuschungen zu groß ist oder Beziehungen unabgeschlossen sind. Ein Mann erzählt zum Beispiel, dass er sich nach der Trennung von seiner ersten großen Liebe nicht mehr auf andere Beziehungen einlässt. Nach eigenen Aussagen war diese Erfahrung so traumatisch bzw. blieb unverarbeitet, sodass andere Beziehungen unmöglich schienen.

*Ich habe mit einer Frau zusammengelebt, und wir haben uns geliebt. Das betraure ich heute noch. Das geht mir bis heute nach, aber nicht so bewusst natürlich, weil ich diese Sache verdrängt habe. Ich habe damals versucht, nie mehr daran zu denken. Das ist mir irgendwo auch gelungen, aber es bleibt doch etwas zurück. Nun, es war natürlich ein abschreckendes Beispiel, was ich da erlebt habe.*

## 6.4 Ähnlichkeiten und Unterschiede
   zwischen den drei Gruppen

Bei den drei Gruppen haben Erfahrungen aus der Herkunftsfamilie einen deutlichen Einfluss auf die Entscheidung zur Kinderlosigkeit. Diese Erfahrungen unterscheiden sich allerdings innerhalb der Gruppen im Hinblick auf ihre Qualität und ihre Bedeutung für den Entscheidungsprozess. Bei den Frühentscheider/-innen bestehen Ängste, die Erfahrungen in der Herkunftsfamilie zu wiederholen oder eigene «Neurosen» an Kinder weiterzugeben, sowie Zweifel an der eigenen Fähigkeit, Kinder zu erziehen. Aufschieber/-innen und Spätentscheider/-innen ähneln sich in ihren Ängsten, die negativen Erfahrungen der Mütter zu wiederholen, d. h., eine starke Abhängigkeit in den Paarbeziehungen zu erleben, und sie haben den Wunsch, ihr Leben in deutlicher Abgrenzung zu ihrer Herkunftsfamilie gestalten zu wollen.

Der stark ausgeprägte Wunsch nach Unabhängigkeit trägt für viele Frauen und Männer zur Entscheidung gegen Kinder bei. Kinder stellen für sie eine Gefahr dar, die finanzielle und persönliche Selbständigkeit zu verlieren. Auch ist es für viele wichtig, in ihrer Partnerschaft bzw. Ehe die eigene Unabhängigkeit zu bewahren. Die Selbständigkeit ist eng mit eigenen Erfahrungen in der Herkunftsfamilie verknüpft und führt bei allen Gruppen zu einer hohen Erwerbs- und Berufsorientierung, in einigen Fällen auch (nach eigenen Beschreibungen) zu distanzierten Beziehungen sowie – ausschließlich bei den Aufschieber/-innen – zur Vermeidung von Partnerschaften. Die berufliche Entwicklung stellt einen eigenständigen Wert dar und bei den Spätentscheider/-innen und Aufschieber/-innen eine zu Kindern konkurrierende Lebensoption. Die ungünstigen Bedingungen der Vereinbarung von Familie und Erwerbstätigkeit spielen bei der Entscheidung zur Kinderlosigkeit daher eine besonders starke Rolle.

Bei allen Frauen stellt weiterhin die Wahrnehmung des vorgelebten Frauenbildes durch die eigene Mutter einen wesentlichen Einflussfaktor im Entscheidungsprozess zur Kinderlosigkeit dar, da die Frauen ihre

Rolle als Frau in Abgrenzung zu ihren Müttern und damit zum traditionellen Frauenbild definieren. Ihr Lebenskonzept richtet sich in den meisten Fällen gegen das von der Mutter vorgelebte Frauenbild. Mutterschaft ist nicht vorstellbar, da es für die Frauen die Gefahr birgt, sich in der Rolle der eigenen Mutter wiederzufinden. Ein Teil der Spätentscheider/-innen und der Aufschieber/-innen bewegt sich in diesem Konflikt zwischen Kinderwunsch und einer fortschrittlichen Frauenrolle. Besonders die Aufschieber/-innen befürchten, im Fall einer Mutterschaft ihre Berufstätigkeit und ihr Rollenverständnis als moderne Frau aufgeben zu müssen.

Die Gestaltung der Partnerschaft spielt ebenfalls eine wichtige Rolle für die Entscheidung. Für die Frühentscheider/-innen und die Aufschieber/-innen ist es von enormer Wichtigkeit, in ihrer Partnerschaft bzw. Ehe ihre Unabhängigkeit zu bewahren. Im Vergleich zu den Aufschieber/-innen messen die Frühentscheider/-innen der Partnerschaft keine große Bedeutung in ihrem Leben bei. Sie steht hinter der beruflichen Tätigkeit zurück. Für die Aufschieber/-innen ist es die Angst vor der Abhängigkeit in Partnerschaften, welche der Realisierung von Kinderplänen oder dem Eingehen von Partnerschaften entgegensteht. Bei den Spätentscheider/-innen stellt die Angst vor einer Gefährdung der Partnerschaft durch ein Kind für einen Teil der Befragten den Anlass dar, sich gegen Kinder zu entscheiden. Die Partnerschaft hat in dieser Gruppe einen hohen Stellenwert.

# 7. Ohne Kinder leben und alt werden

Der Prozess der Auseinandersetzung mit der Kinderfrage ist, wie gesagt, für einige kinderlose Frauen und Männer nach der Entscheidung zur Kinderlosigkeit nicht abgeschlossen, sondern es gibt immer wieder Momente in ihrem Leben, in denen sie erneut über ihre Entscheidung nachdenken: zum Teil mit Bedauern, zum Teil mit der Frage, wie ein Leben mit Kindern für sie ausgesehen hätte.

Für einige Frauen und Männer ist das Nachdenken darüber mit bestimmten Ereignissen verbunden. So berichtet zum Beispiel Reni Falkenberg:

> Weihnachten ist ein Zeitpunkt, zu dem es ganz heikel wird. Da merke ich, dass ich dann überlege: ‹Was machst du denn Weihnachten?›, ‹Wo gehst du denn hin?› Es ist bis heute so, dass es immer wieder Phasen gibt, in denen es mich sehr mitnimmt, dass ich keine Kinder habe. Und dass ich anfange, nochmal über die Entscheidung nachzudenken.

Bei anderen wird das erneute Reflektieren über diese Lebensentscheidung durch den direkten Kontakt mit Kindern ausgelöst. «Manchmal packt mich schon das Bedauern, wenn ich Kinder sehe», erzählt eine Frau. «Dann verschließe ich sofort mein Herz», berichtet sie weiter. «Aber dieser Moment ist nur ganz kurz, ich weiß ja, warum ich mich im Leben so entschieden habe.» Für manche Frauen sind es ganz bestimmte Momente und Situationen, die sie mit Kindern verbinden und vermissen. Dazu kann zum Beispiel die Erfahrung gehören, ein kleines Kind im Arm zu halten und zu stillen. «Ich finde es wirklich sehr schade, niemals gestillt zu haben. Auch hätte ich gerne die Erfahrung gemacht, ein Kind zur Welt zu bringen. Das sind Sachen, die ich gerne erlebt hätte», sagt eine der Frauen sehr deutlich im Gespräch mit mir.

Dennoch gelingt es vielen nach einer Weile, dieses Bedauern oder auch eine gewisse Traurigkeit wieder in ihre Gefühlswelt zu integrieren und zu der Entscheidung gegen Kinder zu stehen, indem sie sich erneut darüber klar werden, wieso sie sich für ein Leben ohne Kinder entschieden haben. So bedauert auch Reni Falkenberg es manchmal, keine Kinder bekommen zu haben. Dennoch ist sie sich sicher, dass kein anderer Lebensweg für sie denkbar gewesen wäre als der, den sie gegangen ist.

*Gut, natürlich, ich hätte vielleicht ein anderes Leben führen können, ich denke schon darüber nach, wie das wohl gewesen wäre, aber eigentlich weiß ich, dass ich eben keinen anderen Weg gehen konnte. Manchmal male ich mir aus, wie es wohl gewesen wäre – ich und ein Kind. Und da entstehen schöne Bilder. Aber ich bereue meine Entscheidung absolut nicht. Alles, was ich im Leben gemacht habe, hätte ich sonst nicht machen können. Das wird mir bei solchen Gelegenheiten auch wieder klar. Mir gefällt mein Leben, so wie ich es gelebt habe.*

Andere haben bei der Frage «Wie sähe mein Leben wohl mit Kindern aus?» nach eigenen Aussagen vor allem die gesellschaftlichen Lebensbedingungen von Kindern vor Augen, die sie für sehr negativ befinden. Kinder fänden in der heutigen Welt lediglich Gewalt in der Schule und auf den Straßen vor. Drogenkonsum sei für sie schon allgegenwärtig. Die Kinder hätten heute enorme Probleme, überhaupt einen Lehr- oder Ausbildungsplatz zu bekommen, und die Aussichten auf einen Arbeitsplatz seien fast utopisch. In eine solche Welt würden sie keine Kinder setzen wollen, weil das unverantwortlich wäre. Warum sollten sie also Eltern beneiden, die sich wegen ihrer Kinder solche Sorgen machen müssen? Die Vehemenz und Absolutheit dieser Argumentation hinterließ bei mir in einigen Gesprächen den Eindruck, dass über diese negative Sichtweise die eigene Entscheidung im Nachhinein nochmal bestätigt und legitimiert werden sollte und verunsichernde Gefühle bezüglich des eigenen Lebensweges bzw. Gefühle des Vermissens von Kindern dahinter verschwinden sollten.

Für manche Frauen gab es auch Momente in ihrem Leben, in denen sich das bedrückende Gefühl einstellte, «etwas falsch gemacht zu haben», weil sie kein Kind bekommen hatten. «Das schreckliche Gefühl, dass es nun zu spät ist.» Bei vielen von ihnen ergaben sich solche Phasen unmittelbar vor oder nach der Menopause (Wechseljahre) und lösten eine erneute starke Auseinandersetzung mit dem Kinderthema sowie mit den eigenen Verlustgefühlen aus. Ängste vor Einsamkeit, Angst, eine wichtige Chance im Leben nicht wahrgenommen oder eine existenziell wichtige Beziehungserfahrung nicht gemacht zu haben, standen im Vordergrund dieser Reflexionsprozesse, aus denen letztlich aber alle wieder stabilisiert hervorgingen.

Wieso stabilisiert? In diesen Auseinandersetzungen war es den Frauen gelungen, sich ihre Entscheidung nochmals zu vergegenwärtigen und erneute Klarheit darüber zu gewinnen, dass sie zwar eine Erfahrung im Leben nicht gemacht hatten, dafür aber Energie für ihre Lebensträume, eventuell zahlreiche und intensive Beziehungen und Zeit für ihre Interessen gewonnen haben. Sie hatten einen anderen Schwerpunkt in ihrem Leben gesetzt. Indem diese Frauen offen und selbstkritisch noch einmal über ihre Entscheidung nachgedacht und sich mit den damit verbundenen auch schmerzlichen Gefühlen auseinander gesetzt hatten, konnten sie erneut für sich erkennen, wahrnehmen und spüren, was für sie als Einzelpersonen wichtig ist. Die Ziele, die sie in ihrem Leben verfolgt haben und weiter verfolgen wollten, wurden wieder sichtbar, und diese Klarheit verschaffte ihnen neue Energie zur Fortsetzung ihrer Lebenspläne. Es gelang ihnen dabei, den Blick nicht länger auf dem verweilen zu lassen, was sie verloren glaubten, sondern darauf zu richten, was sie stattdessen gewonnen hatten. Dieses Gefühl, etwas anderes oder Wertvolles gewonnen zu haben, ließ sie gelassener auf die Entscheidung, ihren Lebensweg und die Konsequenzen zurückblicken.

Es ist wichtig zu erwähnen, dass für einige Frauen die Frage, wie ihr Leben mit Kindern ausgesehen hätte, auch gar kein Thema ist. Friederike Rabe erlebt zum Beispiel ihre Kinderlosigkeit «durch und durch» als sehr positiv. Sie genieße ihre freie Lebensführung, ihre finanzielle Unabhängigkeit und ist froh, ihren Beruf ausüben zu können und dies immer getan zu haben.

> *Ich sehe mich eigentlich durch und durch positiv. Ich genieße es, genieße es richtig. Die Freiheit, zu tun und zu lassen, was ich will, und mein freies Leben insgesamt. Ich fühle mich eigentlich sehr wohl. Wenn ich an meine Zukunft denke, muss ich sagen, es ist mir gut bekommen. Ich habe eine gute Stellung, ich bin jetzt 54 Jahre alt und fühle mich überhaupt noch nicht so alt. Ich verdanke meinen jetzigen Zustand dem,*

*dass ich viele Möglichkeiten hatte, mein Leben so zu gestalten, wie ich es mit Kindern nicht hätte machen können. Davon bin ich überzeugt, dass ich sonst sehr stark hätte zurückstecken müssen.*

Nicht alles, was die Gesellschaft und wir selbst von uns erwarten, können wir erfüllen, und vielleicht wollen wir diesen Erwartungen auch gar nicht nachkommen. Jeder muss für sich entscheiden, welche Ziele im eigenen Leben realisiert werden sollen. Dazu gehört dann auch, zu akzeptieren, dass man einen Preis für jede Entscheidung zahlt. Man kann im Leben nicht alles machen. Das klingt nüchtern und pragmatisch, vielleicht banal. Aber es ist manchmal auch erleichternd zu wissen, dass es nicht stimmt, dass wir alle Träume und Wünsche in einem einzigen Leben realisieren können. Die Quadratur des Kreises gelingt wohl kaum. Im Umkehrschluss gilt dies auch für Eltern: Sie werden nicht die Erfahrung machen, was es heißt, einen von Kindern unabhängigen Lebensmittelpunkt zu haben.

## 7.1 Das Leben ohne Kinder verbringen: Was heißt das eigentlich?

«Was wäre ich ohne meine Kinder?» Diesen Satz hört man ab und an von Eltern. Kinder erfüllen viele Funktionen im Leben von Eltern. Sie bieten zum Beispiel Struktur. Sobald man Kinder hat, erhält das Leben automatisch «eine Form». Für einige sind damit die Fragen nach den eigenen Wünschen im Leben, nach dem Lebenssinn erledigt, es fällt ihnen leichter, die Verantwortung für das Leben eines Kindes zu übernehmen als für das eigene.

Mit Kindern werden Eltern selten einsam. Kinder sind die Verbindung zur jüngeren Generation, man hat das Gefühl, an der Weiterentwicklung der Welt teilzuhaben, weil die Perspektive der Jüngeren transparent bleibt. Einige meinen, Kinder ermöglichen es, einen inneren Wachstumsprozess zu durchschreiten, mit Kindern könnten sich Erwachsene weiterentwickeln und lernen, die Welt mit anderen Augen wahrzunehmen. Auch können sich Menschen mit Kindern bestimmte Bedürfnisse erfüllen: Kinder geben Menschen die Gelegenheit, ihrem Wunsch nach Fürsorge nachzukommen. Und natürlich erhoffen sich viele Eltern von Kindern einen Beistand im Alter bzw. haben die Vorstellung, über die eigenen Kinder nach dem Sterben weiterzuleben. Selbstverständlich erfüllen Kinder noch andere Bedürfnisse, und diese sind zum Teil individuell sehr verschieden. An dieser Stelle sollten nur einige angedeutet werden, die Aufzählung erhebt nicht den Anspruch, vollständig zu sein, da dies nicht das Thema des Buches ist.

Menschen – sowohl Eltern als auch Kinderlose – haben in unterschiedlichem Ausmaß die oben skizzierten Bedürfnisse. Diese können über Kinder ausgelebt werden, aber natürlich bestehen auch andere Möglichkeiten, diesen Bedürfnissen nachzukommen. Von diesen Alternativen machen Kinderlose – aber auch Eltern – Gebrauch.

## Lebensziele und Lebensgefühle

Nach welchen Alternativen gestalten Kinderlose ihr Leben? Und wie sehen sie sich und ihr Leben? Malek Shalev stellt in den Vordergrund, dass sie mit der Entscheidung gegen Kinder eine Möglichkeit verpasst hat im Leben, aber stattdessen auch vieles gewonnen hat.

*Wenn Kinder da wären, hätte ich auch viele Sachen, die ich heute mache, nicht machen können. Ich fahre jetzt drei- oder viermal im Jahr kürzer oder länger in Urlaub, das hätte ich mit Kindern bestimmt nicht machen können. Ich habe ein Hobby entwickelt, das ist die Oper, dafür fahre ich in der ganzen Welt umher, um mir interessante Aufführungen anzusehen. Ich bezahle viel Geld für Konzertkarten, das wäre mit Kindern bestimmt nicht möglich gewesen. Ein Leben ohne Kinder entwickelt sich anders, weil es nicht diese Verpflichtungen gibt, es nicht diese Ausgaben für Kinder gibt, man kann das Leben ganz anders managen. Es gibt viele Eltern, die ihre Wünsche wegen der Kinder zurückstellen. In dieser Situation war ich nie, ich habe mir daher viele meiner Wünsche erfüllen können.*

Für die meisten sind es natürlich die beruflichen Ziele, die sie mit Kindern so nie erreicht hätten. So erzählte mir Sabine Hansen, dass sie während ihrer redaktionellen Tätigkeit einmal einen Auftrag bekommen habe, für den sie längere Zeit nach Nicaragua gehen musste, wo sie Eindrücke und Erfahrungen sammelte, die prägend für ihr weiteres Leben gewesen sind. Mit der Verantwortung für ein Kind hätte sie diesen Schritt vermutlich nicht gemacht.

Andere wären nie so viel gereist, hätten keine Musik- oder Schauspielkarriere einschlagen können und keine Bücher geschrieben. Für manche wiederum liegt der Schwerpunkt auf ihrer persönlichen Entwicklung oder auf den tiefen zwischenmenschlichen Beziehungen, die sie eingehen konnten, weil sie sich anderen Menschen in einem Maße widmen konnten, wie es Eltern oftmals nicht mehr möglich ist, wenn Kinder auf der Welt sind.

Auch das Verhältnis zum eigenen Körper spielt eine nicht unwesentliche Rolle in der Selbstwahrnehmung der Kinderlosen. Einige Mütter finden es zunächst nach der Geburt vielleicht schwer, sich als sinnliche

Frauen wahrzunehmen, manche der kinderlosen Frauen, mit denen ich sprach, berichten hingegen, dass sie über den Körper auch einem ganz besonderen Lebensgefühl Ausdruck verleihen. So erzählt Friederike Rabe, dass sie als einen Teil ihrer persönlichen Ausstrahlung ihren Sex-Appeal genießt.

> Ich finde es schön, mit 54 noch so eine gute Figur zu haben. Manchmal kommt im Gespräch mit Freunden das Thema darauf. Dann kann es schon vorkommen, dass jemand sagt: ‹Mensch, du hast ja keine Kinder gehabt, das sieht man.› Weil ich keinen Hängebusen und keinen gedehnten Bauch habe. All das, was bei einer Frau nach der Schwangerschaft schon mal auftreten kann. Ich fühle mich attraktiv und immer noch sehr wohl mit meinem Aussehen.

Eine der Frauen erzählt, dass sie durch ihre Kinderlosigkeit wesentlich mehr Zeit hat, sich frühzeitig und ausgiebig mit zentralen Lebensthemen zu beschäftigen.

> Ich habe meine Eltern in der Sterbephase begleitet. Das werde ich so nicht erleben. Ich glaube schon, dass es für viele in dieser Situation tröstlich ist, Kinder zu haben, weil sie wissen, dass das Leben weitergeht. Das habe ich auch gespürt, als meine Eltern im Sterben lagen. In dem Zusammenhang habe ich Bücher gelesen und mich dann schon früh mit der Frage des Alterns beschäftigt. Und was lese ich in diesen Büchern? Dass man sich früh damit auseinander setzen muss. Im Endeffekt meine ich, dass ich durch meine Kinderlosigkeit frühreif bin. Weil ich mich eben mit meiner eigenen Lebensgeschichte auseinander setze, mich mit meiner Partnerschaft beschäftigen muss und mir die Frage stelle, wie das für uns beide eigentlich eines Tages sein wird. Das kommt auf Eltern dann auch irgendwann zu.

Diese Frau sagt an dieser Stelle etwas, was in den vorherigen Kapiteln auch schon in einigen Erzählungen aufgetaucht ist: Sie äußert den Wunsch, Zeit für sich haben zu wollen. Sich Zeit nehmen zu können für die Klärung eigener Lebensthemen, der eigenen Lebensgeschichte oder die Möglichkeit zu haben, sich den eigenen Wünschen und Bedürfnissen widmen zu können und sich nicht – wie schon so häufig im Leben – nach den Erwartungen, Bedürfnissen und Wünschen anderer richten zu müssen.

Aber sie spricht hier noch ein anderes wichtiges Thema an. Keine Kinder zu haben bedeutet auch, dass niemand die ungelebten Träume weiterlebt, niemand das anfängt zu tun oder zu Ende zu führt, was ewig getan oder begonnen sein wollte. Frauen und Männer ohne Kinder müssen tatsächlich früher und klarer den Dingen ins Auge blicken. Sie müssen ihre Träume, Pläne und Wünsche allein zu Ende führen oder sich von ihnen verabschieden. Es gibt niemanden, an den die eigenen Erwartungen weitergegeben werden können, niemanden, der stellvertretend Dinge einlöst, die man sich nicht eingestanden hat, nicht gewagt, nicht erreicht, nicht geschafft hat. Eltern trösten sich häufig über diese Enttäuschungen hinweg, indem die Kinder die eigenen Träume realisieren, eigene Fehlschläge ausgleichen sollen. Kinderlose sind hier direkter, früher und deutlicher auf sich selbst zurückgeworfen und mit der eigenen Endlichkeit konfrontiert.

### Das Bedürfnis nach Kontakt: Alternativen zum Modell Familie

Für viele kinderlose Paare besteht die Familie statt aus Mutter, Vater, Kind(ern) eben nur aus zwei Personen. Wie bereits beschrieben, führen kinderlose Paare zum Teil sehr intensive, enge und «selbstgenügsame» Beziehungen. Dennoch versuchen viele Kinderlose ihr Bedürfnis nach Geborgenheit und nach Austausch in Freundschaften zu erfüllen. Für einige kinderlose Frauen und Männer sind Freunde tatsächlich eine Art Familienersatz, im Sinne eines Kreises von Menschen, zu denen sie sich zugehörig fühlen, mit denen sie vertraut umgehen und bei denen sie ihren Platz im Leben gefunden haben. Freunde und Geschwister «ersetzen» Kinder und sorgen in Zeiten von Krisen für Trost und Unterstützung. Eine der Frauen erzählt von ihrer engen Freundschaft zu einer Familie:

> Die Beziehung, die ich zu diesem Ehepaar mit den zwei Töchtern habe, ist nach dem Tod meiner Mutter sehr intensiv geworden. Zu dem Zeitpunkt haben sie mich aufgefangen, zu allen Familienfeiern dazugeladen, sogar an Weihnachten. Diese Beziehung ist dann gewachsen, und

*daraus ist eine sehr schöne Freundschaft geworden, auf die ich mich wirklich voll und ganz verlassen kann. Wenn ich mal im Krankenhaus sein sollte, weiß ich, sie kümmern sich um mich und betreuen mich. Ich bin wirklich sehr dankbar für diese Beziehung und versuche auch nach Kräften zu helfen, wenn es mal nötig ist. Jeder hat ja so seine Probleme. Als es damals Schwierigkeiten mit den Töchtern gab, konnte ich zwischen Eltern und Töchtern vermitteln. Das war eine anstrengende Zeit damals für die Eltern. Aber da konnte ich dann die Familie unterstützen. Ich genieße dieses Zusammenstehen und dieses Füreinander-da-Sein. Man weiß, wenn der andere einen braucht, ist man füreinander da.*

Viele kinderlose Frauen und Männer suchen auch den expliziten Kontakt zu Kindern. Als Alternative zu leiblichen Kindern pflegen kinderlose Frauen und Männer häufig sehr intensive Beziehungen zu Nachbarskindern, Nichten und Neffen, Patenkindern und Kindern von Freunden und Freundinnen.

Zahlreiche Untersuchungen belegen die Wichtigkeit von Freunden – für Eltern wie für Kinderlose. Soziale Kontakte gelten als Puffer in Stresssituationen, als Quelle der Unterstützung in Krisenzeiten und als Bereicherung im Leben, d. h. als Indikator für eine hohe Lebensqualität. Freunde sind demnach sowohl in Krisensituationen als auch in «normalen» Zeiten wichtig.

Das wirft die Frage auf, ob es womöglich Unterschiede zwischen Eltern und Kinderlosen im Hinblick auf die Größe des Freundeskreises und die Qualität der Freundschaften gibt.

Eltern und kinderlose Personen unterscheiden sich nicht voneinander in der Gesamtzahl der engen Bezugspersonen, obwohl Eltern etwas größere soziale Netzwerke als Kinderlose haben. Diese Tatsache kann auf die geringere Anzahl an Verwandten (keine Kinder, Schwiegerkinder, Enkel) bei Kinderlosen zurückgeführt werden. Obwohl kinderlose Frauen und Männer vielfältige soziale Kontakte zu Bekannten oder zu Familienmitgliedern unterhalten, wird das Fehlen von Kindern mehrheitlich nicht durch ein größeres Netzwerk oder durch vermehrte Kontakte zu den eigenen Nichten und Neffen ausgeglichen.

Zwischen Eltern und kinderlosen Personen zeigen sich weiterhin qualitative Diskrepanzen in den Beziehungen zu Freunden und Familienmitgliedern. Auch wenn die Anzahl der Freunde bei Eltern und Kinderlosen vergleichbar ist, erweist sich die Beständigkeit der sozialen Kontakte als unterschiedlich. Während familiäre Bindungen über eine große zeitliche Stabilität verfügen und mit dem Alter oft intensiver werden, verringern sich die freundschaftlichen Beziehungen im Alter und bei einer Verschlechterung der Gesundheit. Mit einem sich verschlechternden Gesundheitszustand werden deutliche Unterschiede zwischen kinderlosen Frauen und Männern und Eltern sichtbar: Mit dem Auftreten von Gesundheitsproblemen sinken die sozialen Kontakte kinderloser Frauen sehr stark unter die von Müttern. Unter Berücksichtigung des Familienstandes zeigt sich, dass besonders kinderlose verheiratete Paare weniger Bekannte und Freunde haben und bei Krankheit oftmals sozial isoliert sind. Vor allem kinderlose Witwer stellen daher eine Risikogruppe dar. Kinderlose Witwen pflegen dagegen auch nach dem Tod ihres Partners weiterhin ihre Beziehungen. Eltern und Kinderlose unterscheiden sich allerdings nicht in ihren Angaben, wie zufrieden sie sich mit den Freundschaften fühlen.

### Verbindung zur nächsten Generation

Viele Kinderlose suchen den Kontakt zu Kindern, weil sie die Verbindung zur nächsten Generation halten wollen. Die berufliche Tätigkeit ist für sie eine gute Möglichkeit, um diesen Bogen zu spannen. Reni Falkenberg zum Beispiel schildert, dass sie ohne jeglichen Bezug zu Kindern das Gefühl des Lebendigseins und des Verbundenseins mit der Welt vermissen würde. Daher sei für sie der Kontakt zu den Kindern, den sie über ihren Beruf als Lehrerin habe, unentbehrlich. Sie freue sich zu merken, dass auch sie für viele ihrer Schüler/-innen von Bedeutung sei.

> *Ich arbeite in einer Musikschule und gebe Klavierunterricht. Darüber habe ich natürlich viel mit Kindern zu tun. Ich glaube, wenn ich das nicht hätte, würde mir etwas fehlen. Der Bezug zu Kindern ist schon toll. Ich sehe die Kinder jede Woche einmal und manche über viele, viele*

*Jahre hinweg. Wenn ich dann so sehe, wie die Kleinen sich entwickeln – manche bleiben bis zum Abitur bei mir –, macht mir das sehr viel Spaß. Dieses Heranwachsen zu sehen, ganz unabhängig von der Musik. Einfach mitzubekommen, wie sich ein Mensch entwickelt. Das finde ich spannend. Ich merke auch, dass ich für viele Kinder wichtig bin. So eine Art Mutter. Es tut mir gut, diese Art des Kontaktes zu haben. Das finde ich schön. Ich merke, das ist so eine ganz gewisse Lebendigkeit und auch ein Verbundensein mit der Welt. Das möchte ich nicht missen.*

Eine andere Frau hat immer Lehrlinge in ihrem Betrieb ausgebildet und auf diese Weise die Beziehung zur jüngeren Generation hergestellt. Für sie bedeutet dieser Kontakt deshalb auch, ihren Generationenvertrag zu erfüllen.

*Als ich selbständig war, habe ich eigentlich immer Lehrlinge ausgebildet, weil ich mir gesagt hab: ‹Gut, diese jungen Leute brauchen eine Chance›, und dadurch habe ich den Kontakt zu den jungen Menschen auch nicht verloren. Ich habe mich eigentlich immer bemüht, mindestens einen Lehrling zu haben, manchmal zwei, im Abstand von ein, zwei Jahren. So habe ich versucht, meinen Anteil für die Jugend einzubringen. Es ist einfach wichtig, dass junge Menschen eine gute Ausbildung bekommen, um sich dann beruflich weiterentwickeln zu können. Das scheint mir doch etwas sehr Entscheidendes zu sein. Ich habe das eigentlich die ganze Zeit gemacht, und meine Praxis habe ich immerhin schon 25 Jahre. Wenn Eltern es auf sich nehmen, Kinder zu erziehen, dann verzichten sie auf manches, um die Kinder groß zu kriegen. Wenn man keine eigenen Kinder hat, kann man ja dann auch einen Beitrag leisten.*

Eine Verbindung zur nächsten Generation zu haben bedeutet für einige auch, Erfahrungen machen zu können, die eine Art Selbsterkennungsprozess anregen. Nur Kinder ermöglichen Erwachsenen bestimmte Erfahrungen, bei denen sich Menschen unweigerlich weiterentwickeln. «Du siehst die Welt einfach mit anderen Augen, du lernst sie nochmal ganz anders kennen», erzählten mir manche Frauen. Auch dies stellt für einige ein wichtiges Motiv dar, mit Kindern Kontakt zu pflegen. Sei es das Patenkind, das Nachbarskind, Nichte oder Neffen, oder das Kind der Freundin.

*Etwas weiterzugeben, aber auch etwas Neues mitzukriegen, etwas mit-zunehmen von Kindern oder jungen Leuten, das finde ich sehr wichtig. Das habe ich selbst so erfahren. Ich empfinde es als sehr bereichernd, mit jungen Leuten zusammen zu sein. Ich merke, dass ich durch den Kontakt mit den jungen Menschen wach bleibe. Ich suche für mich dann wieder neue Möglichkeiten und kann noch einmal einen ganz neuen Bezug zu den Dingen herstellen.*

Einige meiner Gesprächspartner/-innen haben auch das Bedürfnis und den Wunsch geäußert, sich um andere Menschen kümmern zu wollen, sich ihrer anzunehmen und emotional teilzuhaben an dem Leben der oder des anderen. Eine Realisierung erfolgt bei vielen in der Partnerschaft oder in Freundschaften. Manche erfüllen sich dieses Bedürfnis aber auch im Kontakt mit den Kindern aus dem Freundes- und Familienkreis oder dem näheren Umfeld.

## 7.2 Im Alter ohne Kinder

### Ängste um die Altersversorgung

Für viele ist die Entscheidung, ein Leben ohne Kinder zu führen, eng an die Frage der Altersversorgung gekoppelt: Werden sie allein und einsam sein? Wird jemand da sein, der sie besucht? Viele äußern Sorgen und Ängste, allein und einsam zu sterben. Einige der Frauen und Männer schildern, Angst davor zu haben, ihre Entscheidung im Alter zu bereuen. Auch der Tod der Eltern ist natürlich Anlass, sich mit dem eigenen Altern und Sterben zu beschäftigen. Eine der Frauen, mit der ich sprach, schildert, dass sie anlässlich der Erkrankung ihrer Mutter intensiv und sorgenvoll an ihre eigene Altersversorgung gedacht habe.

*Es macht mir unweigerlich Sorgen, dass ich niemanden haben werde, der mich im Alter pflegt, so wie ich mich um meine Mutter kümmern konnte.*

Ein großes Problem im Alter ist tatsächlich – das belegen allgemeine Forschungsergebnisse zu älteren Menschen – die Bewältigung und Verarbeitung von Einsamkeit. Die wichtigste Ressource im Alter ist daher der Kontakt zu anderen Menschen und das Erfahren von sozialer Unterstützung.

Viele Kinderlose beschäftigen sich schon früh im Leben mit diesem Thema und entwickeln für sich Möglichkeiten, auch im Alter zuverlässige Kontakte zu haben. Für die meisten bieten die Familie und ihre Partnerschaft enge und gesicherte Beziehungen, auf die sie auch im Alter zurückgreifen werden. Ein Mann, mit dem ich sprach, beschreibt zum Beispiel: «Ich mache mir schon Gedanken, wer mich im Alter pflegen wird. Aber ich habe eine große Familie. Ich denke, dass die sich um mich kümmern wird.» Er schildert weiter, er habe einen guten Kontakt zu Nichten und Neffen, die er häufig sehe. Diese hätten auch schon gesagt, sie «hätten später noch ein Zimmerchen für ihn».

Für andere werden Freunde nach wie vor auch im Alter die Beziehungen sein, die die Alternative zu einem familiären Netz darstellen. Einer der befragten Männer ist zum Beispiel ganz zuversichtlich: «Ich zähle auf meine Freunde, heute wie auch später.» Er baut, wie andere Kinderlose auch, lieber auf Beziehungen, die auf Sympathie, Interesse und Freundschaft beruhen, als auf solche, die – wie ein Mann es ausdrückte – auf «zufälligen biologischen Gegebenheiten» basieren.

Eine der Frauen erzählt, sie würde heute, statt zu bedauern, keine Kinder zu haben, versuchen, lösungsorientiert zu denken und ihren Freundeskreis zu erweitern.

> *Ich kenne viele, die haben drei, vier Kinder und sind völlig allein. Wirklich ganz allein und auf sich gestellt. Manchmal fühle ich mich schon einsam. Ich denke nicht, dass – wenn ich jetzt ein Kind hätte – alles anders wäre. Lieber sehe ich zu, dass ich meinen Freundeskreis erweitere, oder überlege, was ich tun könnte, dass ich auch später nicht allein bin. Es ist nicht meine Art zu jammern: ‹Ach, hätte ich jetzt ein Kind, dann wäre ich nicht allein›, weil ich ganz genau weiß, ich kann genauso gut allein sein. Ich würde mich vermutlich nur aufregen, wenn sich das Kind dann nicht um mich kümmern würde. Dann würde ich mich daran aufhängen und denken: ‹Was für ein Kind habe ich da bloß aufgezogen.› Wie man es häufig hört: ‹Ich habe so viel investiert, habe auf so vieles verzichtet, und das Kind, das ist ja so undankbar.›*

Für viele Frauen und Männer ist deutlich, dass sich jeder allein und selbstverantwortlich mit dem Altern und den Themen, die damit im Zusammenhang stehen – nämlich Einsamkeit, der Auseinandersetzung mit der eigenen Endlichkeit und Gebrechlichkeit, der Angst vor dem Sterben – beschäftigen muss – ob mit oder ohne Kinder. «Ich habe Angst, allein zu sterben. Aber davor kann sich niemand drücken, selbst wenn er eine Familie hat», meint eine der Frauen. Aber nicht die Angst vor dem Sterben, sondern allein der Wunsch, mit Kindern zu leben, sei ein berechtigter Grund, Kinder zu haben. «Kinder bekommen, um später im Alter nicht einsam zu sein? Das kann kein Grund sein, Kinder in die Welt zu setzen», sagt sie sehr bestimmt. Zudem bezweifeln viele meiner Gesprächspartner/-innen, wie viel Sicherheit Kinder gegen Einsamkeit im Alter bieten. «Kinder zu haben ist keine Garantie, dass man im Alter nicht allein ist. Das ist dann fast eine Illusion», sagt Linda Lichtenstein. Die Frauen und Männer wissen, wie viel Kontakt ältere Menschen haben. Sie alle waren schon einmal in einem Seniorenheim oder wissen um die Einsamkeit ihrer Eltern. Sabine Hansen erzählt:

> *Diese Vorstellung, die manche haben, dass man im Alter ohne Kinder allein ist, ich glaube nicht, dass es stimmt. Oder anders gesagt: Meine Mutter ist auch allein, sie hat drei Kinder und lebt auch ganz allein im Altersheim. Ich meine, das ist keine Garantie. Ich rufe zwar ein paar Mal an, und wenn es irgendwie geht, fahre ich auch mal zu ihr zum Geburtstag. Weihnachten sind wir auch alle miteinander zusammen bei ihr, aber sonst ist sie jeden Tag allein.*

Einige gehen mit der Tatsache, im Alter ohne Kinder auszukommen, auch sehr nüchtern und pragmatisch um und haben sich im Hinblick auf ihre Altersversorgung bereits frühzeitig abgesichert. Eine der Frauen erzählt:

> *Eltern wissen auch nicht, wie sich die Kinder, wenn man alt ist, verhalten werden. Selbstverständlich davon ausgehen, dass sie präsent sein werden, kann man nicht. Da sichere ich mich lieber selber ab.*

Auch die Forschung hat sich mit der Versorgung von Kinderlosen im Alter beschäftigt. Dabei hat sich herausgestellt, dass älteren kinderlosen Menschen bei der Versorgung tatsächlich der Teil an Hilfe fehlt, der in vergangenen Generationen durch die Kinder geleistet wurde. Kinderlose ledige Frauen greifen im Alter vermehrt auf die Hilfe von Familienangehörigen (Geschwister) und Freunden zurück, sie versorgen sich gegenseitig und mit Unterstützung von professionellen Helfern. Diese Betreuung ist jedoch nicht so umfassend wie diejenige, die Kinder leisten. Kinderlose Personen sind diesbezüglich deshalb insgesamt schlechter versorgt als Eltern. In einem Zeitalter der institutionalisierten Unterbringung der älteren und alten Menschen ist allerdings fraglich, ob Kinder zukünftig noch so eine große Rolle bei der Versorgung von älteren Verwandten spielen werden.

## Nachkommenschaft

Das Bedürfnis, etwas zu schaffen, das die eigene Existenz auf irgendeine Weise dokumentiert und somit weitergegeben werden kann, dürften die meisten Menschen kennen. Es gibt bestimmte Ereignisse, die Kinderlose dazu veranlassen, sich mit dem Thema zu beschäftigen, an wen sie ihren ideellen und materiellen Besitz als Zeugnis ihres Lebens übergeben können, wenn sie einmal sterben. Anlässe können zum Beispiel der Tod der Eltern und damit verbundene Erbschaftsangelegenheiten sein. «Was ist eigentlich, wenn ich mein Testament schreiben werde?», fragte mich eine der Frauen. Wer solle eigentlich einmal all ihr Hab und Gut bekommen? Und wer will es überhaupt haben? In den Gegenständen, die weitergegeben werden, stecken über den tatsächlichen Wert hinaus Erinnerungen an ein Leben, das Andenken an eine Lebensgeschichte, die Spuren einer Persönlichkeit.

*Ich würde gerne an jemanden etwas weitergeben von meiner Lebensgeschichte: jemanden, der ein Stück seines Lebens mit mir gegangen ist. Diese Dinge gehören zu mir, sie sind Ausdruck und Teil meines Lebens. Ich finde es traurig, dass es niemanden gibt. Wenn ich irgendwann mal von meiner Mutter das Ginori-Geschirr aus Italien bekomme, dann erinnere ich mich an den Urlaub in Neapel, wie es dort war, und wie viel Überredungskraft sie gebraucht hat, bis mein Vater einverstanden war, dieses Geschirr zu kaufen. Ich glaube, es ist tatsächlich tröstlich zu wissen, dass Gegenstände immer wieder auch Erinnerungen an dich wecken werden.*

Bei Eltern ist es klar, dass sie ihren Nachlass – wie es so schön heißt – ihren Kindern übertragen werden. Das Erbe weiterzugeben – ob Haus, Gemälde oder Charakterzug –, ist für Eltern etwas Selbstverständliches. Es ist sogar gesetzlich geregelt. Für Kinderlose stellt sich das Thema anders dar.

Viele suchen und finden diese anderen Wege: Enge Freunde, Nichten und Neffen bekommen das, was lieb und teuer ist. Auch bei vermögenderen Personen, die Grundstücke oder Häuser zu vererben haben, ist es meist kein Problem, jemanden zu finden, dem oder der sie die Güter verantworten wollen.

Aber es gibt auch sehr persönliche Sachen, die wichtig sind, mit denen das eigene Leben so sehr verwoben ist, dass sie nur einen Wert haben, den eine sehr enge Bezugsperson nachvollziehen kann. Über die materiellen Dinge hinaus geht es für viele Menschen im übertragenen

Sinne darum, der Nachwelt etwas zu hinterlassen, das ihre Anwesenheit auch nach dem Tod noch dokumentiert. Denn niemand wird ihren Namen weiterführen.

Bei einigen Kinderlosen ist es klar, dass auch nach ihrem Tod etwas von ihnen der Nachwelt erhalten bleibt und dass sie etwas den folgenden Generationen weitergeben werden. So ist es für den kinderlosen Schriftsteller das Buch und für den Wissenschaftler eine wichtige Erkenntnis, für den Regisseur die Filme, für den Musiker die Komposition. Diese Möglichkeiten hatten meine Gesprächspartner/-innen nicht.

Wichtiger als die Weitergabe materieller oder kultureller Werte ist aber für viele, individuelle Erfahrungen, Werte oder Einstellungen und auch Sachen, die ihnen ans Herz gewachsen sind, zu übermitteln. Einige möchten ihre Fähigkeiten weitergeben, anderen sind dagegen die Beziehungen wichtig, die sie geschaffen und aufrechterhalten haben. Sie empfinden, dass sie ein erfülltes Leben hatten, weil sie lebendige Beziehungen führten, weil sie gelebt haben, wie sie es wollten, und ihren Wünschen treu geblieben sind.

*Ich möchte, dass man sich an mich so erinnert, wie ich während meines Lebens war. Dass ich gerne gegessen habe, verrückte Schuhe geliebt habe und bis spät in die Nacht politische Reden geschwungen habe.*

Was sagt nun die Forschung zu diesem Thema? Sind kinderlose Frauen und Männer zufrieden im Alter? Sind sie im Vergleich zu Eltern im Alter unzufriedener? Was sind dabei wichtige Einflussfaktoren?

Kinderlose und Eltern unterscheiden sich im späteren Erwachsenenalter und im Alter nicht in ihrer Lebenszufriedenheit. Entscheidend für das Wohlbefinden im Alter sind für Kinderlose allerdings die familiäre Situation, also der Kontakt zu Verwandten und die Qualität der Partnerschaft, und der gesundheitliche Zustand sowie die Fähigkeit, den Alltag zu meistern. Nur wenn diese Faktoren nicht erfüllt sind, haben kinderlose Frauen und Männer eine geringere Lebenszufriedenheit als Eltern.

Und was wirkt sich positiv auf die Lebenszufriedenheit im Alter aus? Eine positive Bilanzierung des eigenen Lebens, d. h. eine Zufriedenheit mit dem Leben, das man verlebt hat, Beziehungen zu jüngeren Menschen und insgesamt Kontakt zu anderen Menschen und die Fähigkeit, eigene Lebenspläne immer wieder flexibel an die Umstände anzupassen, können zu einer hohen Lebenszufriedenheit im Alter beitragen.

# 8. Ein paar Fragen zum Schluss

Was lässt sich nun zusammenfassend sagen?

«Kinder? Nein danke!» Eine klare Entscheidung, die Frauen später bereuen?

Die Frauen und Männer, die in diesem Buch zu Wort gekommen sind, haben verdeutlicht, dass es zum einen nur für einen kleineren Teil von ihnen eine eindeutige und klare Lebensentscheidung gewesen ist, keine Kinder zu bekommen. Bei den meisten Menschen – sogar bei den Frühentscheider/-innen – taucht das Thema im Laufe des Lebens immer wieder auf. Das bedeutet auch, dass die Auseinandersetzung mit der Kinderfrage in Phasen verläuft und dass sich Menschen im Verlauf ihres Lebens dieser Frage immer mal wieder stellen müssen. Dabei können auch Zweifel aufkommen, ob es richtig war, keine Kinder zu bekommen, und es können Gefühle von Traurigkeit oder Bedauern entstehen.

Zum anderen wird aus den Erfahrungen der hier beschriebenen Frauen und Männern ersichtlich, dass sie im späteren Erwachsenenalter *nicht* grundlegend ihre Entscheidung bereuen, dass sie ihr Leben im Alter *nicht* als defizitär oder sinnentleert empfinden bzw. sich im Rückblick ein anderes, etwa mit Kindern wünschen würden. Einige Frauen haben beschrieben, dass es Phasen in ihrem Leben gab, in denen sie an der Richtigkeit der Entscheidung gezweifelt und in denen sie sich noch einmal intensiv mit dem Thema beschäftigt haben. Aber die Frauen und Männer, mit denen ich sprach, haben diese Situationen durchlaufen und in der Konfrontation mit diesen Gefühlen Selbsterkenntnis, Stärke und die Gewissheit zurückgewonnen, den richtigen Lebensweg gewählt zu haben. Hierfür – so glaube ich – bedarf es aber einer sorgfältigen und mit Aufmerksamkeit geführten Auseinandersetzung mit dem Thema, einer ernsthaften Prüfung der Gefühle und der Hintergründe einer solchen Entscheidung.

Die hier zu Wort gekommenen Frauen und Männer haben nicht den Eindruck vermittelt, dass es in ihrem Leben eine Leerstelle wegen der Kinder geben würde. Im Gegenteil! Die Grundaussage vieler Befragter ist: Sie hätten ihr Leben, so wie sie es geführt haben, nicht mit Kindern führen können. Sei es die Partnerschaft, der Beruf oder der Lebensstil insgesamt. Wir haben gesehen, dass der Beruf, die Karriere und die Partnerschaften Frauen in ihrem Wunsch, keine Kinder haben zu wollen, beeinflussen. Wichtig ist auch noch einmal zu betonen, dass die gesellschaftlichen Rahmenbedingungen im Zusammentreffen mit individuellen Eigenschaften (Angst vor Abhängigkeit, starkes Bedürfnis nach Selbstverwirklichung) maßgeblich zu dieser Entscheidung beitragen. In Deutschland ist es nach wie vor schwierig für Frauen, Berufstätigkeit und Kinderbetreuung miteinander zu vereinbaren, ohne dabei persönliche Nachteile in Kauf zu nehmen. Für einige Frauen ist eine im Fall von Kindern einzugehende emotionale und finanzielle Abhängigkeit vom Partner ein Risiko, auf das sie sich einlassen müssten, das sie aber nicht tragen wollen. Wie vielfach angesprochen, spielt auch die Angst, nicht alle Ansprüche und Wünsche unter einen Hut zu bekommen bzw. nicht allem gerecht zu werden, eine große Rolle.

Ich hatte ganz zu Anfang geschrieben, dass ich einerseits einen Beitrag leisten will, dass ein Leben ohne Kinder als möglicher Lebensentwurf mehr Akzeptanz findet, andererseits aber auch dazu auffordern möchte, diese Entscheidung mit Aufmerksamkeit zu treffen und sich entsprechend Zeit zu lassen.

Nehmen Sie sich Zeit, Ihre Gefühle gegenüber einem Leben mit Kindern sorgfältig zu prüfen. Überlegen Sie sich genau, was für Wünsche, Bedürfnisse und Ziele Sie in Ihrem Leben verfolgen wollen. Verschieben Sie diese Fragen nicht immer wieder auf neue Zeitpunkte, auch wenn es erst mal nicht einfach ist, Antworten zu finden. Denken Sie nach: für sich alleine, aber auch mit anderen. Reden Sie mit Freundinnen und Freunden über das Thema, mit Ihrem Partner oder Ihrer Partnerin. Hören Sie, was andere darüber denken und dabei empfinden – aber achten Sie auch genau auf das, was Sie in diesen Gesprächen empfinden.

**Was ist für Sie im Leben wichtig?**

Wie wichtig ist für Sie das Bedürfnis, Ihr Leben in geregelten Bahnen verlaufen zu lassen? Ist es elementar für Sie, dass «alles nach Plan» läuft, oder können Sie sich für «kleinere und größere Überraschungen» begeistern? Ist für Sie Ihre Nachtruhe und überhaupt Ihre Ruhe und Ihr Ungestörtsein unentbehrlich? Wie entscheidend ist es für Sie, Ihre Freiheit nicht zu verlieren und tun und lassen zu können, was Sie wollen? Sind Sie bereit, Kompromisse einzugehen, Ihre eigenen Bedürfnisse zurückzuschrauben und zugunsten eines Kindes zurückzustecken?

Wie ausschlaggebend sind Intensität und Intimität für Sie in Ihrer Beziehung? Wie wichtig ist es Ihnen, Zeit nur mit Ihrem Partner oder Ihrer Partnerin zu verbringen? Können Sie mit weniger Zeit auskommen und auf die sonntäglichen Frühstücke im Bett in trauter Zweisamkeit verzichten? Wollen und können Sie Ihren Partner teilen, und sind Sie bereit, sich auf die Wagnisse zu dritt einzulassen?

Wie sieht es beruflich aus? Sind Sie bereit, beruflich zurückzustecken, Ihrem Kind zuliebe Kompromisse einzugehen? Wollen Sie hoch hinaus in Ihrem Beruf? Könnten Sie es verkraften, sich beruflich auch mal einzuschränken und nicht mehr ganz nach Ihrem Potenzial in den Job zu investieren?

**Was für Gefühle haben Sie Kindern gegenüber?**

Welche Gedanken assoziieren Sie mit Kindern? Fallen Ihnen zunächst erst mal alle negativen Seiten ein (Windeln wechseln, Schlafentzug, nerviges Brüllen an der Supermarktkasse), oder sehen Sie auch die positiven Aspekte (Zärtlichkeit, Lachen, eine neue Perspektive in der Wahrnehmung)? Wie fühlen Sie sich im Umgang mit Kindern? Entstehen bei Ihnen, wenn Sie an Kinder denken, unangenehme Gefühle, oder fühlen Sie sich eher ganz wohl? Falls Sie sich relativ wohl fühlen, wenn Sie mit Kindern in Berührung kommen: Ist dies nur kurzfristig so, lediglich zwei bis drei Stunden, oder bleiben Sie auch gelassen, wenn die Kinder nicht mehr friedlich und freundlich sein wollen?

Versuchen Sie sich realistisch ein Leben mit Kindern auszumalen! Wie würde ein solches Leben aussehen, in guten und in schlechten Zeiten? Wollen Sie ein solches Leben führen?

Lassen Sie sich einfach mal von ihrer Phantasie davontragen und seien Sie ehrlich zu sich selbst. Welche Gefühle und Bilder überwiegen bei diesen ausgesponnenen Lebensentwürfen? Versuchen Sie nicht die Bilder und Gefühle zu steuern, sondern einfach nur offen dabei zu bleiben, wahrzunehmen, was in Ihnen aufsteigt, und zu beobachten. Versuchen Sie, nicht zu beurteilen, ob es richtig oder falsch ist, was für Gefühle in Ihnen entstehen. Sie haben erst mal ihre Berechtigung, und aus ihnen ergeben sich noch keinerlei Folgen. Vielleicht ist es der Beginn einer Auseinandersetzung oder einer ernsthaften Prüfung, wie Sie Ihr Leben gestalten und einrichten wollen.

Wenn Sie so in der Phantasie mit den Visionen Ihres Lebens spielen und dann vor allem negative Gefühle auftauchen, kann das ein Hinweis sein, dass dies Ihre ernsthaften Empfindungen gegenüber Kindern sind. Ein Kinderwunsch ist nichts Selbstverständliches, er stellt sich nicht «einfach so» ein, und negative Gefühle lösen sich auch nicht einfach wieder auf. Vielfach sehen Situationen ganz anders aus, wenn sie Realität werden. Die Schreckensvisionen werden dann doch nicht wahr, und wir müssen uns eingestehen, dass manche von uns doch immer erst mal das Schlimmste annehmen, wenn Veränderungen anstehen. Dennoch: Nehmen Sie Ihre Gefühle ernst, fragen Sie sich, woher sie kommen, warum Sie so empfinden, wie intensiv diese negativen Empfindungen sind und ob Sie zum Beispiel bestimmte Rahmenbedingungen bräuchten, die Ihre Einstellung beeinflussen könnten.

Glauben Sie nicht, Sie könnten mit Kindern irgendein Lebensproblem, das nur Sie betrifft, aus der Welt schaffen: Ein Kind kann weder eine Ehe kitten, einen Partner treuer und verbindlicher in der Beziehung werden lassen, Ihre Einsamkeit lindern noch Ihre Orientierungslosigkeit im Leben aufheben. Früher oder später sind Sie wieder mit Ihren Problemen konfrontiert. Manchmal kann es zwar leichter sein, die Verantwortung für das Leben eines Kindes als für das eigene zu übernehmen. Aber das trägt nicht wirklich lange und dauerhaft und beantwortet nicht die Frage, was man selbst mit seinem Leben anfangen will. Wenn wir mal wieder über die Sinnfrage im Leben stolpern, können und sollen Kinder nicht die Rolle des Lebensankers übernehmen. Das gilt für den beruflichen Bereich ebenso wie für alle anderen. Ein Kind sollte weder eine Entschuldigung für eine nie begonnene berufliche Karriere noch der Ausweg sein, wenn das Berufsleben zu anstrengend erscheint oder Ihr Interesse erlahmt ist.

Haben Sie so eine Ahnung, dass Ihre heutigen Gefühle zu Kindern irgendetwas auch mit Ihrer eigenen Kindheit zu tun haben? Haben Sie zum Beispiel Angst, Sie könnten als Mutter oder Vater so werden wie Ihre Eltern, und denken: ‹So etwas kann ich keinem Kind zumuten, so etwas will ich nicht wiederholen?› Meinen Sie, Ihre eigenen Erfahrungen als Kind haben heute noch direkte Auswirkungen darauf, was für Gefühle Sie zu eigenen Kindern entwickeln?

Um diese Fragen zu klären, könnten Sie versuchen, sich Ihr Elternhaus ins Gedächtnis zu rufen. Den meisten Menschen fallen kleinere Anekdoten, Bilder, eventuell Gerüche oder «typische» Aussagen ihrer Eltern ein. Solche Erinnerungen können hilfreich sein bei der Klärung der Frage, was Ihnen aus Ihrem Elternhaus als implizite oder direkt ausgesprochene Botschaft Ihrer Eltern mitgegeben worden ist. Was wurde Ihnen suggeriert, wie Sie Ihr Leben zu leben haben? Wenn Sie Klarheit gewonnen haben, können Sie sich überlegen, inwiefern die Vorstellungen Ihrer Eltern auch Ihren Wünschen und Bedürfnissen entsprechen und ob Sie Ihr Leben tatsächlich danach ausrichten wollen.

Einige Menschen haben, wenn sie an ihre Kindheit denken, das Gefühl, etwas wieder gutmachen zu wollen. Sie haben den Wunsch, das, was sie so schmerzlich als Kind vermisst haben, ihren Kindern zu geben. Dabei können sie zweierlei gleichzeitig erledigen: die eigenen Wunden pflegen und Gerechtigkeit in der Welt walten lassen. Dennoch bleiben einige Fragen offen: Können diese Menschen ihren Kindern tatsächlich etwas geben, was sie selbst gar nicht erlebt haben? Und: Vielleicht brauchen und wünschen die Kinder etwas ganz anderes als die Eltern in ihrer Kindheit. Was ist zudem, wenn die Kinder spüren, dass es eigentlich mehr darum geht, im Leben der Eltern Versöhnung zu schaffen, als um sie selbst?

Das bedeutet, es wäre für beide Seiten hilfreicher, wenn zukünftige Eltern sich um ihre eigenen Verletzungen und Wunden kümmern, «um das eigene innere Kind», anstatt ihre Kinder mit dem zu füttern, von dem sie meinen, es hätte ihnen selbst früher gefehlt.

Bei anderen Menschen ist es genau umgekehrt: Sie wollen ihre schöne Kindheit noch einmal erleben, und mit ihrem Kind soll alles wieder so werden, wie es in ihrer eigenen wohl behüteten Kindheit war. Auch das kann schwierig werden. Es wird wohl kaum möglich für die Erwachsenen sein, ihre Kindheit nochmal zu erleben. Sie ist vorbei, und sie sind jetzt die Mutter oder der Vater und nicht mehr Kinder.

Besonders durch den letzten Abschnitt wollte ich deutlich machen, dass nicht nur bei der Entscheidung gegen Kinder, sondern auch für Kinder sich die Frage nach der eigenen Motivation stellt. Ich bin mir zwar im Klaren darüber, dass es ungewöhnlich ist zu fragen, warum jemand Kinder will, aber eigentlich auch nicht ausgefallener, als sich zu erkundigen: Warum willst du keine Kinder?

Wenn Sie nach einigem Nachdenken – allein und mit Freunden oder mit Partner – sich überlegen, ein Leben ohne Kinder führen zu wollen, dann akzeptieren Sie damit, eine mögliche Erfahrung im Leben nicht zu machen. Dabei wissen Sie, dass Ihnen andere Erfahrungen als das Erlebnis «Kind» wichtiger sind, dass Sie andere Lebensoptionen und eine andere Art von Leben vorziehen. Die Entscheidung, nicht Mutter zu werden, heißt nicht, dass Sie nicht dazu in der Lage sind, für jemanden zu sorgen oder Verantwortung für andere zu übernehmen.

Vielleicht wird es Phasen geben, in denen Sie nochmal anders über diese Entscheidung denken werden, vielleicht werden Sie auch mal traurig sein und Bedauern verspüren. So geht es Eltern aber auch. Es gibt keine perfekten Entscheidungen. Bei der Entscheidung für oder gegen Kinder gibt es immer – egal welchen Weg man letztlich wählt – einen Preis zu zahlen.

Bedenken Sie auch, Sie müssen nicht unbedingt eigene Kinder bekommen, um eine Beziehung zu Kindern zu haben. Es gibt viele Mütter und Väter, die andere Erwachsene gern in die Kinderbetreuung einbeziehen.

Diese Anregungen können vielleicht einigen als erste Ansatzpunkte einer Auseinandersetzung dienen. Wege für tiefer gehende Reflexionsprozesse muss allerdings jeder und jede selber für sich finden. Auch professionelle Beratungsgespräche werden als hilfreich erlebt.

# Literaturverzeichnis

Aries, P. (1998). *Die Geschichte der Kindheit*. München: DTV.

Badinter, E. (1985). *Die Mutterliebe. Geschichte eines Gefühls vom 17. Jahrhundert bis heute*. München: Piper Verlag.

Beck-Gernsheim, E. (1984). *Vom Geburtenrückgang zur neuen Mütterlichkeit. Frauen zwischen Kinderwunsch und Unabhängigkeit*. Frankfurt/M.: Fischer Verlag.

Beck-Gernsheim, E. (1988). *Die Kinderfrage*. München: C. H. Beck.

Beck-Gernsheim, E. (1991). *Technik, Markt und Moral*. Frankfurt/M.: Fischer Verlag.

Beck-Gernsheim, E. (1998). *Was kommt nach der Familie? Einblicke in neue Lebensformen*. München: Juventa.

Bundeszentrale für gesundheitliche Aufklärung (Hrsg.). *Kontrazeption, Kinder oder keine*. Köln: BZgA.

Carl, C. (2002). *Gewollt kinderlose Frauen und Männer*. Frankfurt/M.: VAS.

Gloger-Tippelt, G., Gormille, B. & Grimming, R. (1993). *Der Kinderwunsch aus psychologischer Sicht*. Opladen: Leske und Budrich.

Houseknecht, S. K. (1987). Voluntary childlessness. In M. B. Sussman & S. K. Steinmetz (Hrsg.), *Handbook of marriage and the family* (S. 369–395). New York: McGraw Hill.

Kaufmann, F.-X., Quitmann, J., Schulz, M., Simm, R. & Strohmeier, K. P. (1984). *Familienentwicklung in Nordrhein-Westfalen*. iBS-Materialien Nr. 17: Universität Bielefeld.

Lang, S. (1992) *Wir Frauen ohne Kinder*. Frankfurt/M.: Fischer Verlag.

Nave-Herz, R. (1988). *Kinderlose Ehen*. München: Juventa.

Nave-Herz, R. (1992). *Frauen zwischen Tradition und Moderne*. Bielefeld: Kleine Verlag.

Nave-Herz, R. (1994). *Familie heute – Wandel der Familienstrukturen und Folgen für die Erziehung*. Darmstadt: Wissenschaftliche Buchgesellschaft.

Nave-Herz, R. (2000). Der Wandel der Familie: Eine familiensoziologische Perspektive. In K. A. Schneewind (Hrsg.), *Familienpsychologie im Aufwind* (S. 19–31). Göttingen: Hogrefe.

Nave-Herz, R., Onnen-Isemann, C. & Osswald, U. (1996). *Die hochtechnisierte Reproduktionsmedizin. Strukturelle Ursachen ihrer Verbreitung und Anwendungsinteressen der beteiligten Akteure.* Bielefeld: Kleine Verlag.

Neuwirth, B. (Hrsg.) (1988). *Frauen, die sich keine Kinder wünschen.* Wien: Frauenverlag.

Röhrbein, C. (1999). *Will ich wirklich ein Kind? Von guten Gründen und verborgenen Wünschen.* Reinbek bei Hamburg: Rowohlt Verlag.

Rost, H. & Schneider, N. F. (1996). Gewollt kinderlose Ehen. In H. P. Buba & N. Schneider (Hrsg.), *Familie* (S. 245–259). Opladen: Westdeutscher Verlag.

Safer, J. (1998). *Kinderlos glücklich.* München: DTV.

Scheding, V. (2000). «Mit einem Kind bin ich da eing'speert und kann nimmer raus». Über das weibliche Selbstverständnis gewollt kinderloser Frauen. In C. Höfner, E. Kaufmann, K. Moser, B. Toth & G. Weger (Hrsg.), *Ihr-Land: Feministische Beiträge zur Sozialpsychologie* (S. 61–76). Wien: Promedia.

Schmidt, R. (2002). *S.O.S. Familie.* Berlin: Rowohlt·Berlin Verlag.

Schmitz-Köster, D. (1987). *Frauen ohne Kinder.* Reinbek bei Hamburg: Rowohlt Verlag.

Schneewind, K. A. (1995). Bewusste Kinderlosigkeit: Subjektive Begründungsfaktoren bei jungverheirateten Paaren. In B. Nauck & C. Onnen-Isemann (Hrsg.), *Familie im Brennpunkt der Wissenschaft und Forschung* (S. 457–472). Neuwied: Luchterhand.

Schneewind, K. A. (1998). *Optionen der Lebensgestaltung junger Ehen und Kinderwunsch.* Stuttgart: Kohlhammer.

Schneider, R. & Stülpnagel, B. (1997). *Kinderwunsch – Die richtige Entscheidung treffen.* Freiburg: Herder Verlag.

Schütze, Y. (1986). *Die gute Mutter. Rationalisierungen und «Mutterliebe». Zur Geschichte eines normativen Musters.* Bielefeld: Kleine Verlag.

Veevers, J. E. (1980). *Childless by choice.* Toronto: Butterworth.

Weber-Kellermann, I. (1990). *Die Familie.* Frankfurt/M.: Suhrkamp.

Ziebell, L., Schmerl, C. & Queisser, H. (1992). *Lebensplanung ohne Kinder.* Frankfurt/ M.: Fischer Verlag.

**Das Schlampenkochbuch** *Für gewitzte Anfänger, eilige Gourmets und alle, die mit links etwas zaubern möchten*
(rororo sachbuch 60898 und als gebundene Ausgabe bei Wunderlich)
Sie würden manchmal gern kochen – aber spontan, flink und so originell, dass jedes Fertiggericht sich beschämt versteckt? Dieses Kochbuch verrät Ihnen Rezepte und Tips, mit denen Sie den anspruchvollsten Überraschungsgast erstaunen, hungrige Freunde beglücken oder die ganz große Party werfen können. Chaotensicher beschrieben werden hier Grundrezepte mit jeweils mehreren Variationen, jedoch mit verblüffend anderem Gaumenkitzel, die großen Eindruck machen – und ruckzuck auf den Tisch zu bringen sind.

## Schlampenküche für verspielte Mütter
192 Seiten. Gebunden bei Wunderlich
Auch Schlampen haben Kinder, und was macht die Chaotin mit Stil, wenn ihr Nachwuchs sich hungrig um den Tisch schart? Wie zaubert man mit viel Phantasie und wenig Aufwand Überraschungen auf den Teller? Und wie verwandelt man kleine Geschmacksbanausen in neugierige Jungschmecker? Hier finden Sie Gerichte, die einfach nachzukochen sind und das Familienleben bereichern. Pädagogisch ist das alles nicht immer ganz korrekt, dafür aber sehr liebevoll.

GISELA KRAHL

DAS
SCHLAMPEN
KOCHBUCH
Für gewitzte
Anfänger,
eilige Gourmets
und alle,
die mit links etwas
zaubern möchten

rowohlt

**Frech auf den Tisch** *Wenn die Schlampe feiert*
160 Seiten. Gebunden bei Wunderlich
Eine schlaue Frau denkt gar nicht daran, das zu werden, was Superweiber, Schnepfen und verwöhnte Männer unter einer guten Hausfrau oder perfekten Gastgeberin verstehen, denn das ist ein blöder, völlig unzeitgemäßer Job. Rauschen Sie lieber festlich los: Hier sind Tips für die Organisation, Dekoration und das Arrangement bei größeren Versammlungen. Für Feste jeder Art werden ganze Menüs vorgeschlagen – denn der Triumph der Gastgeberin hängt von einer organisatorisch klugen und kochtechnisch einfachen Zusammenstellung ab. Die meisten Rezepte lassen sich individuell am Herd weiterentwickeln, Variationen und Würze zaubern Sie nach Laune und Gegebenheiten.